マドンナメイト文庫

禁断告白スペシャル 昭和・平成・令和　淫らな出逢い

素人投稿編集部

第一章 生身の女体が快楽に震えるとき

第二章 ぬくもりを求めて盛り場を彷徨い

第三章　初対面の異性との姦淫に心踊らせて

第四章　本能の赴くまま肉体を貪る男と女

※本書に掲載した投稿には、読みやすさを優先して、編集部でリライトしている部分もあります。なお、投稿者・登場人物はすべて仮名です。

第一章

生身の女体が快楽に震えるとき

昼下がりの団地妻に誘惑された出前持ち熟れきった肉体を思う存分堪能して……

田村哲治　会社役員・六十四歳

もう四十年以上昔のことになりますが、当時高校を出たばかりの私は、蕎麦屋で店員をしていました。近所に大型団地の集まるいわゆるニュータウンがあり、丼物や定食も扱う蕎麦屋は大忙しでした。夕食の時間にはずっと出前に走り回っていた記憶があります。

昼ご飯の時間もそれなりに忙しいのですが、昼時は夕食と違ってみんな勤めなり学校なりに出かけていて、注文は留守番の主婦だけですから、家族全員分の食事を運ぶよりはずっとましでした。

当時はまだ女性の社会進出は進んでおらず、せいぜいパートで勤める程度の専業主婦がほとんどでした。もちろん主婦の仕事は尽きませんが、それでも家電製品の普及が掃除洗濯炊事を格段に簡略化して、自由時間を作ることもできたようです。

とにかく、昼間のマンモス団地は、そんな暇を持て余した女性たちで溢れ返っており、むだに若かった私は、団地中に充満する色香に平常心を保つのがやっとでした。もちろん、いくら女性たちがたくさんいても、そのみんなが私なんかを相手にしてくれるわけではないのですが、それでも何度かはおいしい目に恵まれたこともありました。

なかでも忘れられない女性がいて、名前を恵子《けいこ》さんとします。四十代前半の年齢だったと思いますが、ご主人は大手の会社に勤めていて、高校生のお子さんがいたはずです。

清楚《せいそ》な印象の人でした。若い男の出前持ちということで、わざと胸の谷間を見せつけたり、なかにはほとんど下着姿みたいな部屋着で対応してこちらがどぎまぎするのを楽しんでいる様子の奥さんもいるのですが、恵子さんはそんなことはなく、いつもきちんとした格好で、上品で礼儀正しい対応で、お釣りの出ないように小銭を用意していたり、暑い日は冷えた麦茶の一杯も注いでくれるのも好印象でした。

そんな恵子さんが、ある日、昼食の天ぷらそばを届けたときに、話を聞いてほしいと頼んできたのです。

蕎麦屋は昼食時の片づけのあと、三時から夕食の仕込みがはじまる四時までの一時間、休憩時間になるのですが、そのタイミングでもう一度訪ねてくれないかと恵子さんは言いました。

なんだろうといぶかしみながらも、期待せずにはいられませんでした。家人の留守に人妻が男を引き入れるというのがどういう意味かは、考えるまでもありません。胸を高鳴らせ、股間をふくらませながら出向いた私を、恵子さんは家の中に招き入れました。

「最近、もう旦那さんは私のことがあんまり好きじゃないみたいなの」

冗談めかしたような子どもっぽい言い方が印象的でした。要するに夫が浮気しているらしく、恵子さんはその愚痴を話したかったのです。

ダイニングキッチンのテーブルに向かい合って、あれこれ愚痴を話したあとで恵子さんは言いました。

「私も火遊びしてみたい……」

最初からやる気満々で、話を聞きながらも押し倒すタイミングをはかっているようなところのあった私でしたが、それがセックスの誘いの言葉だと気づくのにしばらくかかりました。まだ若かった私が世間慣れしていなかったことと、まさか上品で清楚な恵子さんが、自分から誘ってくるとは想定していなかったからでしょう。

「こんなことを言うのは、ほんとうはとっても恥ずかしいの……」

口ごもる私を見つめながら、恵子さんは私の手を取って自分の胸に導きました。白いブラウスの下に、豊かな乳房のふくらみが感じられました。

「ほら、こんなにドキドキしてる。わかる？」

女にここまでさせて、何もしないのは男がすたるというものです。私は勢い込んで衣服の上から胸をまさぐり、その感触を味わいました。

衣服はやっぱり邪魔でした。私は恵子さんのおっぱいが見たいと思いました。見て、直接ふれたい。そう思う気持ちが高まり、我慢できなくなりました。

ブラウスのボタンをはずしにかかりましたが、指が震えてうまくいきません。結局、不器用さを見かねた恵子さんが、自分で脱いでくれました。

ブラウスを脱ぎ、質素で上品なブラジャーをはずすと、きれいな乳房が露《あらわ》になりました。思わず身を乗り出して両手で乳房をつかみました。

「あん！」

恵子さんが敏感に反応して背筋をのけぞらせます。乳房は想像したよりずっと柔らかく、指先が脂肪に沈み込みました。私は鼻息も荒く、ぐいぐいと乳房をもみしだきました。

「あ、ちょっと痛い。もっと、優しくして？」

あわてて力を弱めました。恵子さんの反応を見ながら、なでさすり、優しくもむように心がけます。手の中で、乳首が硬くしこりを持つのがわかりました。大きさも一回り大きくなったようです。

恵子さんが私の頭の後ろに両腕を回して引き寄せました。胸に抱え込まれて、恵子さんの胸に顔を埋《うず》める格好になりました。

私は目の前の乳首を口に含んで吸いつきました。

「ああ……」

恵子さんは敏感に反応しながら、私の頭をいつくしむようになでました。こうやって授乳したんだろうと想像させるような優しい仕草でした。私は夢中になって、乳首を舌先で転がし、こね回すようにして愛撫しました。左右の乳首を交互に口に含み、吸いついていないほうの乳首は指先でつまんで愛撫します。

どのくらいそうしていたでしょう。恵子さんのおっぱいは素敵でしたが、私としては、下半身を暴《あば》きたくて仕方ありませんでした。

拒絶されることを考えてなかなか先に進めない私でしたが、いつまでもこうしているわけにもいきません。私は意を決して、伸ばした手を恵子さんの内腿に這わせて、そろそろとスカートの中に差し入れました。

「ああ……」

反射的に恵子さんの膝頭に力が入り、私の手を挟むようにして両脚が閉じられました。拒絶ともとれる反応でした。

「やっぱりだめ……」

最も恐れていたことです。女に拒絶されたら男は引き下がるしかありません。おっぱいを愛撫させてもらっただけでもありがたく思うべきで、下半身はおとなしくあきらめるしかないのでしょうか。

「ごめんなさい。やっぱり、私、だめみたい。家族を裏切れない」

そういうこともあるだろうとは思いましたが、それでもだんだん腹が立ってきました。火遊びがしたいと言ったのは恵子さんです。土壇場になって怖くなったのでしょうか。そんな、人を登らせておいてハシゴをはずすようなまねが、受け入れられるわけがありません。

私は恵子さんの言葉を無視して手に力を込め、手刀で太腿を切り拓《ひら》くようにしてスカートの奥深くを目指しました。

「ああ!」

指先が股間に届きました。パンティがおもらしでもしたみたいにぐっしょりと濡れているのがわかりました。観念したのか、恵子さんの下半身から力が抜けました。私はすかさず、パンティの股布に指先をくぐらせました。

「ああん！」

指先が直接女陰にふれて、恵子さんは敏感に反応して背筋をそらせました。

「だめだったら。ね、もうやめて？　ごめんなさい。それ以上はしないで？　お願いだから、もうやめましょう？」

そう言われても、ここまで来たらもう止まらないのが男というものです。私はさらに力を込めて、両腿を押し開きながら、指先で愛液まみれの女陰をまさぐりました。

「だって、こんなに濡れてるじゃない。恵子さん、感じてるんでしょ？　気持ちいいんでしょ？」

「そうだけど。でもやっぱりだめなのぉ……！」

駄々っ子のように首を左右に振る恵子さんを無視して、私は濡れそぼった陰唇をかき分けて膣口に狙いを定め、ぐいっと指を侵入させました。

「あああん！　だめぇ！」

愛液でびしょびしょの膣口は、ほどんど抵抗を感じさせずに私の中指を深々と迎え入れました。

「口ではそんなこと言って。下の口はそうは言ってないみたいだよ？」

「そんな言い方しないでぇ……」

私は指全体で膣内をかき回すように愛撫しながら、奥へ奥へと進ませました。指先は、すぐいちばん奥の行き止まりに届きました。

「ああ、あああん！」

恵子さんは大声で喘ぎながら、イスの上でびくびくと腰を跳ねさせました。私は腕を腰に回して、暴れる腰を押さえつけなくてはなりませんでした。

そうしておいて、さらに膣内をかき回します。中指に加えて人差し指もねじ込んで、膣口を押し広げながら、奥に手前にぐいぐいと刺激を送り込みます。

「ああ！　そ、そんな乱暴にしないで！　もっと、優しくして！」

もう私は聞く耳を持ちませんでした。恵子さんの感じ方を見れば、このやり方が正解なのはまちがいありません。上品で清楚な恵子さんのことですから、乱れるのが恥ずかしいのでしょう。

膣口からとめどなく溢れ出す愛液が撹拌《かくはん》されて泡立ち、じゅぷじゅぷと淫靡な音を響かせました。

「ああ、もう許して。勘弁して……！」

そんな言葉を口にしながら、恵子さんが腰を浮かし、テーブルに手をついてよろよろと立ち上がりました。

でも逃がしません。すかさず私も立ち上がり、体当たりの勢いで抱きついて、そのままキッチンテーブルに押し倒しました。

スカートがまくれ上がり、パンティの脇から二本指を咥え込んだ膣口が垣間見えました。それは煽情的《せんじょうてき》な光景でした。

たまらなくなった私は、いったん指を抜き去り、手早くパンティを脱がせると、両脚を開かせて、股間にむしゃぶりつきました。

「あああああ！」

恵子さんがまた大声で喘ぎました。私は暴れる腰を抱え込んで、一心不乱にアソコを舐めしゃぶりました。むっとむせかえるような熟れた人妻の陰部のにおいに、私は夢中になりました。

陰毛をかきわけて探り当てたクリトリスに吸いつき、再び二本指を膣口にねじ込みます。

「ああ、刺激強すぎ……！」

恵子さんはテーブルの上で身をくねらせ腰を暴れさせて、どんどん高まっていきました。

私はここぞとばかりに膣内をかき回しながら、深く浅く、指をピストンさせました。それほど経験があるわけではなかったそのころの私にも、恵子さんの絶頂が近いのはわかりました。そのままイカせるつもりでした。

「ああ、だめ。そんなにしたら、イッちゃう。私、イッちゃうよう！」

次の瞬間、恵子さんの全身に力が入り、背筋がのけぞり、両脚が八の字にピンと伸びました。

「あぁ！」

短く悲鳴とともに恵子さんが完全に固まりました。呼吸も止まっているようでした。

膣口がぎゅっと締まり、膣内の筋肉までが収縮するのが指先に伝わりました。

絶頂でした。人妻をキッチンテーブルの上でイカせるなんて、あれほど自分を誇らしく思えたことは後にも先にもないかもしれません。

「はぁあああ……」

やがてがっくりと脱力して、そのまま長々とテーブルに寝そべる恵子さんを見おろして立ち上がった私は、自分の衣服を脱ぎ捨てました。

パンツも脱いで勃起したペニスをさらしました。私のペニスの位置はちょうどテーブルに寝そべる恵子さんの顔の高さと同じでした。

恵子さんは荒い息をととのえながら、涙にうるんだ薄目でペニスを見つめていました。

若かった私のペニスは完璧に勃起していたはずです。イッたばかりの人妻に淫蕩《いんとう》なまなざしで見つめられて、さらに硬さと大きさを増したかもしれません。

「……ねえ、やっぱり、最後までしなきゃだめ？」

この期《ご》に及んで恵子さんはまだそんなことを言うのでした。

「恵子さんはしたくないの？　俺のコレ、入れたくないの？」

「そういうわけじゃなくて、最後までしちゃうのは、やっぱりいけないことだと思うから……」

たったいま、イキまくり、痴態をさらしたばかりのくせに何を言うんだろう。私はそう思いましたが、黙っていました。

「男の人が、途中でやめられないのはわかるけど。……代わりに、手と口でイカせてあげるから、それで我慢してくれないかしら」

もちろん私は不満でしたが、恵子さんに口でしてもらえるというのは、願ってもないことでした。フェラチオも昨今では一般的な行為なのかもしれませんが、そのころはまだそれほどではなかったのです。

私はイスに腰かけ、恵子さんはその足元に座り込んで、私の脚の上に上半身を預けるようにしてフェラチオを始めました。

「大きい。それにすごく硬い……」

恵子さんの指が陰茎に絡みつき、優しくしごいてくれました。ゆっくりと顔を近づけると、唇をすぼめてチュッと音を立てて亀頭にキスをしました。

「うう……」

思わずうめき声が洩れ、腰が引けてしまうほどの気持ちよさでした。恵子さんは唇を離すことなく、亀頭に丸く円を描くように舌を這わせました。

同心円が何度も描かれ、舌先が亀頭の縁の敏感な部分を刺激します。その間にも絡みついた指が茎をしごきつづけ、もう一方の手が陰嚢を愛撫しました。

睾丸の重さを計るように下から手が添えられ、指先が優しく陰嚢をもみほぐしました。

世の中にはこんなに気持ちいいことがあったのかと思わずにはいられませんでした。

恵子さんはこんなテクニックをどこで覚えたのでしょうか。浮気しているという旦那さんに教え込まれたのでしょうか。女性雑誌の特集記事で勉強したのでしょうか。団地の奥様たちにとっては、あたりまえの技術なのでしょうか。

やがて唇が亀頭に強く押し当てられ、そのままがっぽりと咥え込みました。亀頭がすっかり恵子さんの口の中に含まれました。

溢れる唾液が舌先で亀頭全体に塗りのばされ、口の端からこぼれた分は、茎に絡みつく指でぬるぬると塗りのばされるのでした。

頭を上下させてピストンが始まります。口腔内の粘膜が亀頭の粘膜と密着して、快感を生み出します。

見おろせば、股間に美しい人妻が顔を埋め、その唇が自分のアレを咥え込んでいる。眼下に展開するその光景は、この世のものとが思えないくらいに感動的でした。

恵子さんは上目づかいで私の反応を確認しながら、熱心にフェラチオを続けました。でもそれほど長い時間ではなかったように思います。感触を味わい尽くす暇もなく、あえなく射精してしまったからです。

気をそらせて我慢するとか少しでも先延ばしにするとか、そんなことを考える間もなく絶頂は突然やってきました。脊髄に響く快楽に、大量の精液を口の中にぶちまけてしまいました。

「ああ、うぐう……」

けっして大きくはない口から精液が溢れそうになりましたが、床を汚すわけにはいかないのでしょう。そこはさすがに主婦です。全部口で受け止め、喉を鳴らして飲み下しました。口の端から垂れた精液のしずくも指ですくって舐め取りました。

早すぎる射精は、若気の至りとしか言いようがない失態ですが、若さは悪いことばかりではありません。射精を果たしてもペニスはまだ勃起したままの硬さを保っていたのです。

私はそのまま恵子さんに抱きついて、あらためてテーブルに押し倒しました。

「ああ、ちょっと。やめて。口でしてあげたじゃない。射精したばかりじゃない。満足してくれたんじゃないの？」

問答無用でした。その唇をキスでふさぎました。舌を差し入れると、自分の精液の味がしました。でもそれ以上ににおい立つ成熟したメスの発情臭が、激情を後押ししました。

そのころの団地によく見られたキッチンテーブルは簡素な作りで、とても大人二人の体重を支えられるものではありませんでした。だからそのまま上にのしかかることはせず、恵子さんの膝裏に腕を差し込んでテーブルの縁まで引き寄せ、脇に立った私が腰を突き出す格好で、膣口に狙いを定めて亀頭を押しつけました。

「ねえ、お願い。やめて……！」

恵子さんは涙ながらにそう言いましたが、聞く耳を持つ気はありませんでした。本気で拒絶しているわけではないのがわかっていたからです。腰に体重を乗せて突き入れました。膣口を亀頭が押し広げ、たっぷりと愛液をたたえた膣内に侵入を果たします。亀頭先端が一気に膣内最奥部に届きました。

「あああああ！」

恵子さんは大声をあげてのけぞります。やはりさっきまでの拒絶は素振りだけだったようです。

「したかったんだろ？　こうされたかったんだろう？」

「ああ、言わないでぇ……」

恥ずかしそうに顔を両手で隠す恵子さんを、かわいいと思いました。私は腰を繰り出しました。八割くらいの勃起でしょうか。完全ではないもののピストンに支障はなく、はからずも射精してしまう心配もありません。存分に人妻の熟れた肉体を堪能することができました。

「ああ、気持ちいい……！」

旦那さんとご無沙汰でセックス自体が久し振りだった恵子さんも、十分に楽しんでいるようでした。尽きることなく溢れ出す愛液が性器同士の密着度を増し、お互いの快感を深めました。

もっと体全体で密着したくて、私はイスに腰かけ、膝の上で恵子さんを抱えました。いわゆる座位の体位です。腰に残っていたスカートを脱がせて、あらためて全裸の肉体を抱き締めました。乳房に顔を埋めて、乳首に吸いつきました。

「ああ、これも、気持ちいい。違うところがこすれて。……どうにかなっちゃいそう」

膝の上で恵子さんが腰をうねらせました。私は腕を回して尻を抱え込み、バランスを崩さないように注意しなくてはなりませんでした。

「勝手に腰が動いちゃうの。止められないのぉ……！」

言いわけするようにそんなことを口走りながら、恵子さんが尻を振り立てます。私もタイミングを見計らって腰を突き上げました。

「ああ、それイイ。すごく奥まで届く。当たってる。すごく気持ちいいところにこすれるの。当たってるの……！」

どうやらこの体位が膣内のいちばん感じるポイントを刺激するらしく、恵子さんは我を忘れてヨガリまくりました。

「ああ、イイ。もうだめ。イッちゃいそう。もうイキそうなの。ああ、ああ、イク、イク、イク……！」

そんなことを口走りながら、恵子さんはどんどん快楽を高め、絶頂に向かっていました。

「あぁ！」

短く叫び声をあげると、恵子さんがイキました。指でイカせたときよりも、さらに大きな絶頂だったようです。膣内の筋肉が収縮してペニスを締めつけます。

ぎゅうぎゅうと陰茎を締め上げられて、八割だった勃起がいまさらのように完全になりました。それが最後のひと押しになって、恵子さんをさらなる高みに追いやることができたようです。

「あああああ！」

恵子さんがのけぞって固まり、全身が、がくがくと痙攣しました。

「はあああ……」

やがて深々と深呼吸すると、恵子さんは脱力して、もたれかかるように抱きついてきました。倒れてしまわないように、私はしっかりとその体を受け止めました。

忘我の余韻の中で、恵子さんが私を見つめます。至近距離で見る彼女はほんとうに美しく、まさに夢見心地だったことをいまでもよく覚えています。

その後も、私たちは逢引《あいび》きを重ねました。恵子さんが昼食に出前を取るのが、休憩時間に来てほしいという合図のようになりました。

私たちは短い時間で抱き合い、激しくお互いをむさぼり合うのでした。私は恵子さんの肉体に夢中になりましたし、恵子さんもそうだったと思います。

でも関係は長くは続きませんでした。

恵子さんの旦那さんが転勤になり、家族そろって引っ越していったのです。ということは旦那さんも浮気相手と切れて夫婦仲直りしたということなのでしょう。

簡単に離婚する昨今の風潮とは違い、最終的には夫婦元の鞘《さや》、というのがあの時代の当然の決着だったのです。

私は棄《す》てられたわけですが、恨む気にはなれませんでした。いまでもなつかしく思い出す、忘れられない記憶なのです。

初対面の見合い相手にアソコを責められて快感に体が熱くほてり愛蜜を滴らせ……

西川典子　無職・八十二歳

いまからもう、四十年以上も前の話です。

三十代の結婚があたりまえの現代では考えられないことですが、その昔、昭和の時代には「いかず後家《ごけ》」「オールドミス」なんて言葉が平気で使われていました。女が三十路を越えて独身なんて、どこかおかしいいんじゃないかと思われた時代です。

そして私はそんな「いかず後家」の一人だったのです。

三十路どころか四十路過ぎても良縁に恵まれない私に、近所に住んでいた木下《きのした》さんというおばさんが、お見合いの話を持ってきました。

「あなたもいい加減結婚しないと。女の幸福は結婚以外にないんですからね」

昔はこんなふうに、独身の男女をくっつけるのを生きがいにしているような「世話焼きおばさん」と呼ばれる女性が、町内に必ず一人はいたものです。

初めのうちははぐらかしていた私ですが、断りきれずにお見合いをしました。

実を言うと、お見合いはそのときが初めてではありません。すでに何度も経験していました。堅苦しい、建前ばかりのその雰囲気も、私は苦手でした。

当時はまだ日本家屋が主流で、多少洋風のつくりの家でも必ず床の間があったものです。そこに置かれたテーブルに男女が差し向かいになり、その脇に「世話焼きおばさん」とときにはその旦那さんが座り、若い二人の美点をほめそやすのです。

私はせいぜい相手に失礼のない格好をして、重い足取りでお見合いの会場となった木下さんの家に向かいました。

「どうも、初めまして。よろしくお願いいたします」

「こちらこそ……よろしくお願いいたします」

お見合い相手としてやってきた高橋《たかはし》さんという私と同い年の男性は、見た目はけっして悪くはないし、ちゃんとした仕事にもついていました。

でも、まるで自分のタイプではなかったのです。

お見合いが終わったあと、どうやって断りの意志を木下さんに伝えよう……高橋さんの話にうなずきながらも、私が考えているのはそのことばかりでした。

「それじゃ、あとは二人でゆっくりと……」

しばらくすると、そんなお決まりのセリフを口にして木下さんが部屋を出ていきました。すると、高橋さんは脚を崩し、急にくだけた調子になったのです。

「あなたも木下さんの勧めを断り切れなかったんでしょ？　ぼくもまったく同じです」

急に変わった口調と雰囲気を見て、なんだか話しやすい人だなと思って、私は急に打ち解けた気持ちになりました。

「ここに座っているのも気づまりですよね」

高橋さんは煙草を取り出して言いました。お見合いの席でも煙草を吸うことが失礼になる時代ではありませんが、どうやら、先ほどまでは猫をかぶっていたようです。

「木下さんの顔も立てなくちゃいけない。どうです、外に出ませんか」

お見合いからそのまま外にデートに出るということも、いつもというわけではないですが、稀にありました。「世話焼きおばさん」に期待を持たせてしまうのではないかと少し躊躇《ちゅうちょ》しましたが、私は結局、高橋さんの誘いに乗ったのです。

「少し外に出て、彼女にこのあたりを案内していただきます」

高橋さんは木下さんにそう告げて、私を外に連れ出しました。

私が住んでいたのは東京の東部で、かなり下町のほうです。いまではすっかり再開発されて、タワーマンションが林立するような場所に様変わりしましたが、当時はまだ商店街が残っていて、スーパーなどではなく、八百屋や魚屋などそれぞれ別のお店でお買い物をしていたものです。

時刻はもう、そんな買い物時が近くなっていました。

町中を適当にぶらつく高橋さんに、私は後ろからついていきました。

「あの……すみません私、実は結婚とか、考えていなくて……」

私がそう言うと高橋さんも言いました。

「気にしなくていいです。ぼくも結婚なんてするつもりはないんで……。でも、せっかくだから、ちょっとここに寄っていきませんか」

気がつくと、私たちは駅前の裏通りにある、少し怪しげな雰囲気の場所に来ていたのです。高橋さんが指さしたのは、一軒の連れ込み宿、いまでいうラブホテルです。

高橋さんの大胆さに、私は驚きました。

いいえ、大胆というより支離滅裂だと思ったのです。たったいま、結婚の意思はないと宣言しておきながら、こんな場所に誘ってくるなんて……。

「あなた、結婚するつもりがないというのは、ほかに好きな人がいるのでしょう?」

突然の高橋さんの言葉に、私はうつむいてしまいました。図星だったのです。

私が四十路を過ぎるまで未婚だったのは、好きな男性への思いを断ち切れなかったからなのです。そしてその人には奥さんがいて、かなわぬ恋だったのです。

誰にも打ち明けたことのない私の秘密を、どうして見透かされてしまったんだろう……。不思議さと恥ずかしさの入り混じった気持ちで、私は高橋さんを見ました。

高橋さんは私に近づいて、肩をそっと抱いて寄せて、耳元にささやいてきました。

「いいじゃないですか。いつまでもその人のことを心の中で思っていれば……そしてそれとは別に、いまを愉《たの》しんでしまえばいいんですよ」

私はハッとしました。これまでそんな考えを抱いたこともなかったのです。

高橋さんはさらに私に近づいて、吐息を耳の穴に流し込むように言いました。

「恋愛なんて面倒くさい感情は抜きの、ただ気持ちいい肉体関係だけ。こういうのはセックスフレンドって言うんです」

「セックス……フレンド……」

私はそんな言葉も初めて知ったほどのウブでしたが、高橋さんの言葉に酔わされたような気分になって、気がつくと連れ込み宿の小さな門をくぐっていたのです。

小さな和室で、私が想像したよりもずっと小ぎれいでした。当時は「さくら紙」と呼んでいた、寝室のチリ紙が枕元にあるのが印象的でした。まだティッシュは一般的ではなかったのだと思います。

（来ちゃった……今日初めて会った人と、こんな所に……）

その光景をぼんやり眺めていた私の体を、背後から高橋さんが抱き締めました。

「んんっ……！」

私の首は強引に後ろに回され、高橋さんの唇が私の唇を奪ってきました。キスなんて生やさしいものではありません。まさに「唇を犯された」という感じでした。

舌先が侵入して私の舌と絡み合い、高橋さんの熱い唾液まで感じました。

そして私のブラウスのボタンが引き千切れるかというほどの勢いで、脱がしてきたのです。脱がしながら、私の胸を、腰回りを手で激しくまさぐってきました。

さっきまでの紳士的な態度が嘘のように、猛烈でした。こんなに激しく男性に求められたことは、それまでありませんでした。

「ちょっと……激しすぎます……！」

私は怖くなって、思わず声をあげました。しかし高橋さんは動じません。

「恋人じゃなくてただの友たちだから、こんなに激しくなれるんですよ」

高橋さんはすでに、自分自身も裸になっていました。そしてすごい勢いで私を下着だけにすると、今度はじらすようにゆっくりと、下着を剝ぎ取ったのです。

高橋さんの目が、興奮で充血しているように見えました。私は初め、その様子に嫌悪感に近いものを抱いたものの、ここまで男性の性欲の対象になれることに、女として勇気づけられないでもなかったのです。

「ああっ……あ……！」

高橋さんは、布団の上に私の体を投げ出して、両脚をつかんで大きく上に引っぱり上げました。そして私のアソコをのぞくように、脚を左右に広げていったのです。

「いや、恥ずかしい……！」

私が叫ぶと高橋さんはこんなことなんでもないと言わんばかりに、こう言いました。

「恥ずかしがるなんて変ですよ。ぼくのことを愛していないなら、どんな姿を見られたって、どうということもないでしょう？」

そう言って高橋さんは私の脚を手でつかんだまま、舌を使って私のアソコを責め立ててきたのです。

「いやっ、ああ、ああ、う……！」

生まれてきてこんなに恥ずかしいことをされたのは初めてのことです。こんなことをされて感じるはずが……そう思っていたのに、快感が体の奥から溢れてきました。

「こんなに濡れて……もう興奮していたんですね……」

熱くほてった顔を上げると、高橋さんの顔が見えました。高橋さんの口の周りが濡れてテラテラと光っているのが見えました。私の蜜が濡らしたのです。

「そんな……どうしてこんなに……！」

私は信じられなくて、思わずそんな声を洩らしてしまいました。

「気持ちいいからですよ。割り切った、肉体だけを求めるセックスっていうのも悪くないもんでしょう……？」

高橋さんはそう言って私の下半身を布団の上に横たえると、今度は指を私のアソコに突き立ててきました。

「いや……乱暴には……あっ……！」

高橋さんは私の反応を愉しむかのように私の顔をのぞき込みながら、アソコに入れた指先を動かしてきました。初めはゆっくり、だんだん激しく、そして指の数も一本、二本と増やしていったのです。

「ほら、グチュグチュといやらしい音がしていますよ。聞こえますか？」

高橋さんの顔は笑っていました。わざと私が恥ずかしがるようなことをして、私がどんな顔をするのか見ているのです。私は恥ずかしさと、それ以上に愛撫を受けているアソコの快感のせいで、体が熱くほてってきました。

「あう、あ、あんん……はあっ……！」

「白い肌がこんなに赤く……ずいぶん感じやすい体質ですねえ……」

高橋さんの指が三本になりました。親指と小指以外の指を全部私の体の中に埋め込んで、それを激しく出し入れしたのです。ピチャピチャという音が大きくなります。

「わ……わたし、もう……ダメ……！」

高橋さんの指を深く咥え込んだ私の下半身が大きくそり返って、布団からあおむけになった私の腰が浮き上がりました。

そしてそのまま、高い場所から落ちていく感覚に襲われて、全身のどこにも力が入らなくなってしまったのです。肌から汗が噴き出るのを感じました。

「すごいですね。もう、イッてしまったんですか……？」

高橋さんの声が、遠くに聞こえました。私は、気を失ってしまったのかと思いましたが、どうやら意識をなくしたわけではないようでした。

私はこのとき、初めてオーガズムというものを味わったのです。

初めての経験にぐったりと虚脱状態になっている私に、高橋さんが言いました。

「さあ、今度は私のほうを気持ちよくさせてくださいよ」

顔を上げた私は、思わずあっと声をあげてしまいました。私の目の前に高橋さんのオチ○チンが、それこそ鼻にふれそうなほど近くにあったのです。

「自分だけ気持ちよくなっておいて、ずるいじゃないですか。さあ、今度は私が気持ちよくしてもらう番ですよ」

目の前のものからただよう濃厚な男性のにおいが、鼻をつきました。

これまでの私なら、ためらったかもしれません。でも、すでに一度絶頂に達していた私は、さっきまでの私とは違っていたのです。私は唇でそこにふれて、すぐに舌を出して、その肉の棒の頭の部分を、キャンディのように舐め回したのです。

唾液の音がして、その音が大きくなると自分自身も興奮が高まることが、だんだんわかってきました。だから、わざと大きな音を立てて舐めたのです。

「うん、うん、気持ちいいですよ。じょうずじゃないですか……」

高橋さんにほめられると、素直にうれしくなりました。

肉体だけという割り切った関係に、初めは背徳感を持っていたものの、そのことが逆に自分を興奮させることを、私は少しずつ理解してきていたのです。

体がどんどん熱くなってきました。私の体も、高橋さんの体も、両方です。

「ん、んぐ……」

高橋さんが私にオチ○チンを咥えさせたまま、体勢を変えてきました。自分も布団に寝転んで、私の股間のほうに顔を持っていって、私を四つん這いにさせ、自分の顔を跨《また》がらせるようにしたのです。

「こうすれば、お互い同時に舐められるでしょう」

高橋さんはそう言って、私の恥ずかしい部分に再び口づけしたのです。

「んっ……んっ……んんっ……！」

舐める興奮、そして舐められる快感。その二つの相乗効果で、私の肉体は小刻みに痙攣するほど感じてしまったのです。底なしの気持ちよさに溺れるようでした。

「んっ、んっ……気持ちいい……もっと、もっと舐めてぇ……！」

無意識のうちに自分の口から出た言葉に、自分自身が驚きました。

こんな破廉恥《はれんち》なことを口にするなんて……でも、お互い愛し合っていない同士だから、こんな恥ずかしいことも要求できたのです。

そして、高橋さんは私の要求に十分すぎるほどこたえてくれました。

舌先が、私のとがった、いちばん敏感になるところを執拗《しつよう》に責めたかと思うと、達しきる前に舌を離して、今度は膣の入り口に硬くした舌先を出し入れするのです。

もどかしさと、気持ちよさと、恥ずかしさがグルグルと私の内側で混ざり合って、螺旋《らせん》を描くようにだんだんと高みに昇っていきます。

でも、ほんとうに絶頂する前に、決まって高橋さんは、私のあそこから舌先を離してじらしてくるのです。気が狂いそうでした。

「お願い、もう……！」

私が懇願するのを、高橋さんは笑いながら見返して、そして限界というところで、ようやく私の両脚を開いた体勢であおむけにしてくれました。

「じゃあ、入れますよ……」

高橋さんはそう言って自分のものを自分で握りしめて、オチ〇チンの先端で私のあそこを虐《いじ》めました。下から上に舐め上げるように、何度も往復させたのです。

「あん、あん、あっ……い、いじわるはよしてちょうだい……！」

私はもう、息も絶えだえの状態でした。

高橋さんの「じらし」に悶《もだ》えている最中に、不意をつくように、オチ〇チンが私の中に入ってきました。

「あっ……！」

私は一言そう発したあと、何も声を出せなくなってしまいました。

自分の中に入り込んできたもののあまりの気持ちよさに、大げさでなく呼吸が止まってしまったのです。

高橋さんの愛撫のテクニックもあったのかもしれません。しかしそれ以上に、相性があまりにもよかったのです。そうとしか表現ができません。

そして、それを感じたのは高橋さんも同じだったようなのです。

「うっ……これは……！」

そううめいて、高橋さんは血走った目で私の顔を見おろして、一心不乱に腰を前後に動かしてきたのです。私の両手と両脚は自然に、高橋さんの体を抱きかかえるように挟み込んでいきました。

そうすると、高橋さんの腰の動きはさらに激しさを増しました。

結合された部分からは、ぐっちゅ、ぐっちゅといやらしい音が聞こえました。でも恥ずかしいという気持ち以上に、もっといやらしい音をさせたいという気持ちのほうが強かったのです。もっと恥ずかしくなりたいと、そう思えたのです。

この感覚が、セックスフレンドというものなのかしら……私はそんなことを頭の片隅で思いながら、高橋さんの腰の動きに合わせて自分自身も下半身を動かしました。

快感が二倍になるように、自然にそうなったのです。

「うっ、くっ……気持ちいいですね……！」

声をあげてきたのは、意外にも高橋さんのほうでした。

「ヌルヌルなのに中がとても締まって……すごく気持ちがいい……！」

ふれ合った肌を通して、興奮が伝わってくるようでした。

高橋さんの体も私の体も、すっかり汗だくになってしまいました。互いの汗が交じり合うような、ケダモノじみたセックスに、すっかり夢中になっていたのです。

腰が少し動かされるだけでも全身が大きく痙攣するくらい気持ちいいのに、ガンガンと突き上げるように腰を動かしてくるのです。実際に、私の腰は少し布団から浮き上がってしまうほどでした。

でもそのときはどんなに乱暴にされても、もっと激しくしてほしいという気持ちだったのです。

高橋さんは、私の腰を抱き上げて自分の体に引き寄せました。二人で向かい合ったまま、布団の上であぐらをかくような格好で、高橋さんはなおも腰を動かしつづけていました。体の芯から、脳天まで突き抜けていくような感覚を味わいました。

「あっ……ああっ……！」

高橋さんは、私の中にオチ○チンを挿入したまま、私の体を回転させました。

そして私を布団の上にうつ伏せにして、後ろから突いてきたのです。

こんなの、まるで犬みたい……私はそんなことを思いました。後ろから責められるのは初体験だったのです。
肘を布団について、お尻の肉をつかまれると、また恥ずかしいという感情に襲われ
かけましたが、オチ○チンの感触が再び激しく私の中を前後してくると、それもどう
でもよくなってきました。
「あんっ……！」
私は悲鳴をあげました。お尻に痛みが走ったのです。
またしても痛みが走りました。高橋さんが、平手でお尻をぶっていたのです。
ばちん、ばちんと大きな音が連れ込みの部屋に響きました。
「……とても大きくて、叩きがいのあるお尻ですねえ」
高橋さんはお尻を叩きながらも、そんなことを私に言ってくるのです。
私はとても恥ずかしくなりました。お尻の大きさは、少し気にしていたのです。
でも、高橋さんは続けて、こうも言ってくれたのです。
「ぼくは、こんな大きいお尻が好きなんですよ……」
自分でも不思議なことに、私はその言葉を聞いてうれしいと思ったんです。
今日会ったばかりの、お互い好き合ってもいない男性に、そんなことを言われてう
れしくなったのです。

たとえば、ほんとうに愛している男性からお尻だけをほめられても、うれしいどころかいやな気持ちにすらなったかもしれません。

でも、お互い性欲だけの、割り切った関係だと、こんなふうに体の一部分をほめられることがとても誇らしいことのように思えたのです。

私の肉体と心の興奮は、ますます火がついたように燃え盛《さか》ったのです。

「もっと、もっと突いて、もっとぶって……！」

私はそんな言葉を叫んでいました。

お尻を叩かれるような、変態的な行為をされたことはこのときまでありませんでした。しかし、私はこの行為にすっかり順応してしまったのです。

そうなることが自然なことであるかのように、私は高橋さんにお尻を叩かれつづけました。そして高橋さんは、叩きながら、ずっと腰を動かしていたのです。

高橋さんと私の結合された部分は、もうドロドロになっていました。

熱くなって、蜜でふやけたようになっていました。なのに、高橋さんのオチ〇チンを、ぴったりと咥え込もうとするのです。

それをさらに振り切るかのように、高橋さんはオチ〇チンを前後させました。

私の体は、高橋さんの腰の動きと、お尻への平手打ちに合わせて延々と揺れつづけました。終わることなく揺れ動き、うごめきつづけたのです。

高橋さんの両手が、私のお尻の肉をぐいっとつかんできました。爪を立てて、わしづかみにしてきたのです。

「やばい……イキそうだ……！」

高橋さんはくぐもった声でそう言ったかと思うと、私のあそこから抜き出したのです。その瞬間、私も体がふわりと宙に浮いて、そこから真っ逆さまに墜落していくような感覚に襲われました。

気がつくと、私のお尻の上に熱いものがまき散らされていました。

高橋さんは、肩で息をしながら、うつ伏せに寝ている私のかたわらに腰を落としていました。私は、自分の体の上に出されたものを手ですくいました。

「おいしそう……」

私はそうつぶやいて、手にすくったものを口に運んで、舐めとって、飲み込んでしまったのです。ほとんど無意識のうちに、そうしたのです。

「すごいですね……」

高橋さんのほうが、茫然《ぼうぜん》として私を見ていました。

私は時計を見ました。まだ、高橋さんと外に出てから、一時間とちょっとしかたっていません。

私は、自分から、高橋さんの腕をつかみました。

「ねえ、もう一度、しませんか……？」

私は濡れた目で、一時間前の自分ではとうてい考えられないようなセリフを口にしていたのです。

「セックスフレンド」という言葉の意味を、私は、このときにはすっかり体で理解していたのです。

高橋さんと私は、体の相性があまりによすぎて、関係はその後も続きました。

高橋さんも私もその後別の相手と結婚しました。でも、互いの結婚後も「セックスフレンド」の関係は続いたのです。

娘のふりをして文通していた純な男の子の硬くなったペニスを濡れたアソコへと導いて

富田亜紀子　主婦・六十六歳

もう三十年も昔の話になるのですが、私はとても罪深い行為をしてしまいました。最近になっても、何かの拍子にいろいろと思い出して、なつかしいような恥ずかしいような気分とともに、罪悪感に陥《おちい》ることがあります。

私はまるで純情で無垢《むく》な若い男の子をだまして、あろうことか体の関係まで持ってしまったのです。

あれは確か平成四年の夏でしたから、私が三十六歳のときということになります。

世間がバブル崩壊を騒いでいたころでした。夫は直接関係のない業種についていましたが、それでも影響は避けられなかったようで、毎朝新聞を広げてはため息をついていたのを覚えています。

当時の私たちは結婚して十五年目、夫はまじめな会社員で一人娘は中学三年生でした。落ち着いた暮らしですが毎日が平凡で、専業主婦の生活にただでさえ飽きあきしていた私は刺激に飢えていました。さらに夫がそんな調子で私にかまってくれなくなったものですから、欲求不満は頂点に達していたのです。

そんなもやもやした気分でいたところで、思いついたのは文通でした。

きっかけは娘の部屋を掃除していたときに見かけた、机に置いてあった若者向けの雑誌です。なにげなく手に取ってパラパラとページをめくっていたところ、文通コーナーに目がとまりました。

そのころはまだ、インターネットなど普及していませんでしたし、スマートフォンどころか携帯電話でさえとても高価で、一部の人たちしか使っていませんでした。ですから、文通がいまでいうSNSのような役割を果たしていたのです。

そんな私も文章を書くことは嫌いなほうではなく、学生時代に何度か文通を経験していました。ペンフレンドは、当時の芸能雑誌の文通欄で知り合った人です。ですのでそのとき、若いころの甘ずっぱいような思い出がよみがえるとともに、文通で退屈をまぎらわせることができるかもしれないと思いついたのでした。

けれど、この年になってしまうと、そう簡単に文通相手を見つけることなどできません。せいぜい同年代の主婦か、時間に余裕のある年上の男性ぐらいでしょう。けれど私は、できるならば学生時代のように若い相手と文通をしてみたかったのです。手紙が届くのをドキドキしながら待ち、楽しいことや悩んでいることを返事する。文通をしているときのそんな気分を、また味わいたいと思ったのでした。そうなると、いまの暮らしを忘れてあのころの自分に戻るには、やはり文通相手も若い人に限ります。

そこで私がとった手段は、年齢を偽って娘と同じ十五歳ということにし、名前も借りるというものでした。つまり、悪いとは思いましたが娘になりすまして、文通相手を探すことにしたのです。

さっそく、娘の部屋にあった雑誌でペンフレンドを募集したところ、すぐに文通希望の相手から、何通もの手紙が届きました。相手は、いずれも娘と同じくらいの中高生の男の子ばかりです。喜んだ私は、さっそく文通を開始しました。

熱中したといっては大げさかもしれませんが、これといって趣味のなかった私にとって、久しぶりで心に張りができた気分でした。とはいうものの、家事の合間に手紙を書くわけですから、たくさんの手紙のすべてに返事するのも遅れがちになります。そうなるとあれほど来ていた手紙もだんだんと減っていき、半年もするころには三、四人になっていました。もっとも、そのくらいの数が当時の私には、ちょうどよい数だった気がします。

そんな文通相手の中に、Aくんという高校一年生の男の子がいて、彼はとてもマメに手紙を送ってくれました。私はさっきも言ったような情況だったのですが、返事を急《せ》かすこともありません。そんなことから、少し申し訳なく思っていて印象に残ったのです。

ていねいに書かれた文字の手紙からは、Aくんのまじめな性格が伝わってきて、好感も持てました。内容も、地方の進学校での毎日の出来事から、部活のことや趣味のことなど、いかにも高校生らしいものが大部分です。そこで私も自分の高校時代を思い出しながら、なんとか話を合わせて返事を書いていました。それでも当時、若者の間で流行《はや》っていた尾崎豊《おざきゆたか》の話題になったときは困ってしまい、娘にいろいろと尋ねてけげんな顔をされたのを覚えています。

ところがそうして文通を重ねているうちに、困ったことになってしまいました。Aくんが、私に会いに行きたいと言い出したのです。彼はかなり遠距離に住んでおり、交通費だけでも相当にかかるはずでした。それでも、どうしても私に会ってみたいというのです。

思い出してみると、私が若いころに文通をしていたときも、同じようなことがありました。そのときは私は断ってしまい、そのペンフレンドとはそれきりになってしまいました。ともかく、こういう流れになることは予想できたはずですが、ついついAくんとの文通にのめりこんでしまい、そんなことにさえ思い至らなかったのです。

私は、どうしようか迷いました。

あのときは、手紙のやり取りをしているだけの相手と会うことに抵抗のあった、ウブな私です。けれど、年ごろの男の子なら異性のペンフレンドに会ってみたいと思うのは、ごく自然な感情だと理解できる年齢になっています。

もちろん、娘を騙《かた》っている私が会いに行って正体を明かすわけにはいきません。ですから、断るしかないと一度は決めたのですが……。

なるべくAくんを傷つけない断りの口実を考えながら、手紙を書きかけた私は、そこで躊躇してしまいました。私のほうも、Aくんに一度だけでも会ってみたいという気持ちでいっぱいだったことに気づいたからです。

言いわけをさせてもらえば、このときの私は孤独だったのです。

先に書いたとおり、夫はバブル崩壊の影響から仕事のことで頭がいっぱいで、とても私にかまっていられないようでした。夜も元気がなくて、一年近くセックスレスの状態で、三十六歳の女盛りだった私としては欲求不満でもあったのです。また、娘も難しい年ごろに差しかかっていたことに加え、高校受験を間近に控え、私をうるさがって遠ざけていました。それが私が文通に熱中した理由の一つでもあります。そしてAくんは、私の愚痴とも悩みともつかないことを書いた手紙にも、誠実な返事を送ってくれていました。

加えて、私は文通することで、若いころの自分に戻った気分を味わっていたのです。疑似恋愛とでもいうのでしょうか、そんな私は自分でも知らないうちに、Aくんに淡い恋心のような感情を抱いていたのでした。

しかし、子持ちの主婦である私が、高校生のAくんに会うというのも問題があります。なにより、Aくんは文通相手が私の娘だと信じ切っているのですから、実際に会ったら驚くに決まっているし、最悪、怒ってすぐに帰ってしまうかもしれません。

考え抜いた末に、一つのアイディアを思いついた私は、思いきって彼と会うことにしました。そしてさっそく、待ち合わせの日時や場所を手紙でAくんに伝えると、彼は大喜びで、休日ならいつでも上京すると返事を寄こしてきたのでした。

私は、夫の休日出勤と重なる日に、待ち合わせることに決めました。その日は都合のよいことに、娘もバレー部の部活があって学校に行くということでした。そんなときの娘は、同じバレー部の親友と練習のあとにどこかで話し込み、帰宅が遅くなるのが常です。

もちろん、この時点では、あのようなことになると、考えていたわけではありません。ただ、Aくんに会うときが近づくにつれて、年がいもなく自分でも気分が昂《たかぶ》っていくのがわかりました。その日なら、そんな感情が表に出ても、夫や娘に不審がられる心配はありません。なにより、二人に対して秘密を持つ後ろめたさもあり、顔を合わせないですむのは気が楽です。

そしてAくんと約束した休日、念入りなメイクをした私は服装に少し悩みました。結局、少しでも若く見せるため淡いパステルピンクのニットに、薄手のカーディガン、細かい花柄のフレアスカートを選んだのです。その姿を鏡でチェックしたとき、ただでさえ皆から大きいといわれてる胸が、強調されすぎている気がしましたが、服を選び直すにはもう時間がありません。それに、相手は二十歳も年の離れた男の子ですから、私は大して気にすることなく家を出たのです。待ち合わせの場所は、最寄り駅から少し離れたショッピングモールにある喫茶店でした。

駅の駐車場に車を停めて、手紙で約束していた昼過ぎの時刻に喫茶店に行くと、目印となるベージュのジャケットに青いポロシャツ、ジーンズ姿の男の子がすぐに目に入りました。窓際のテーブル席に一人で座っていた彼は、緊張した様子がどこかかわいらしく、それでいて半分大人になりかけた印象を与えるスラリとした男の子です。

「あなたがAくん？」

「えっ、はい。そうですけど」

歩み寄った私も緊張していたのでしょう、少し上擦った声をかけると、彼はけげんそうな顔を上げました。同年代の女の子が来るはずが、三十代半ばの女性だったのだから無理もありません。

そこで私は、考え抜いた末に思いついたセリフを口にしました。

「あなたのことは娘から聞いているわ。娘は急に用事ができてしまったの。それで待ち合わせに行けなくなったから、私に代わりに謝ってきてほしいって頼まれたのよ」

「え？　そうなんですか」

いきなり文通相手の母親がやってきたという驚きと照れくささが、Aくんのうつむいた表情からうかがえました。

「ほんとうにごめんなさいね」

「それは残念だなぁ。でも、仕方ないですね」

その言葉で疑われていないと確信した私は、Aくんの向かいに座りレモンスカッシュを頼みます。ホッとすると、彼を観察する余裕が生まれました。

Aくんは、見るからに落胆した様子でした。せっかく遠路はるばるやってきたのに、肩透かしを食らわせられたのだから無理もないと思います。そんな彼の表情を見ていると、私の胸は急に締めつけられるような気分になりました。

まさか目の前にいる私が、実際に文通をしていた相手とは思っていないでしょう。ずっとだまされていたことに気づいておらず、私の言葉を素直に信じているのです。そう考えると私は心苦しく、申し訳ない気持ちでいっぱいになりました。同時に、けなげで純情な彼をこのまま帰してしまうのがかわいそうに思えたのです。

それもいまにして思うと言いわけなのでしょう。私としては、直接会って話をして満足すると思っていたのですが、かえって心にも体にも火がついた気分になってしまったのです。それもこれも、私が孤独だったからだと思います。

そんな私の気持ちなど知るよしもないAくんは、腰を浮かせかけました。

「それじゃあ、ぼくはこれで」

「あっ、待って。娘から聞いたのだけど、お家は遠いんでしょ？」

帰ろうとする彼を、私は思わず呼び止めました。

「はい、遠いといっても特急電車に乗れば二時間くらいですが」

「だったら、夜まで時間があるわ。案内するから、いろいろ見ていけば？」

「えっ、いいんですか」

夫や娘が帰ってくるまでは、かなり時間があります。いよいよとなれば、車で特急の停車駅まで送っていけばすむ話です。私は車に彼を乗せて、一時間ほど町を案内しました。そして、自然な口調で言ったのです。

「すぐ近くだし、せっかくだから家に寄っていかない？　娘には、あなたが家に来たことを伝えておきたいし」

一度は遠慮する素振りを見せたAくんでしたが、断る理由も特になく、結局はうなずいてくれました。その瞬間、私の決心はついたのです。もしも、Aくんがそれでも申し出を受け入れなければ、私もあきらめて、あんなことにはならなかったでしょう。

彼を家に上がらせ応接間に通すと、私は「お茶の支度をするから」と言い残し、ざっとシャワーを浴びました。こうなるともう、後戻りはできません。私は下着もつけずガウンだけ羽織ると、応接間のドアを開けました。

「えっ、あの？」

さっそくガウンの前をはだけた私に、ソファに座ったAくんは、さすがにびっくりした表情を浮かべました。

私はソファの背後に回り、Aくんを肩越しに抱き締めて服を脱がせにかかります。

「今日のおわびよ。もちろん、娘には黙っておくから」

「で、でも」

「大人の女の人に、恥をかかせちゃだめよ」

Aくんの耳元でささやいた私は、彼のジャケットとポロシャツを脱がせると、前に回ってジーンズのベルトをはずしはじめました。

「あの、ちょっと、それは」

恥ずかしさから抵抗の素振りを見せたAくんのジーンズを、私はトランクスごと強引に膝下までおろしてしまいます。

現れたAくんのアレは、まるでバネ仕かけのように上を向きました。

「すごいわ」

私は、ため息を洩らします。

Aくんの外観は大人になりかけといった感じでしたが、あの部分も同じ印象でした。夫のものよりも長くそり返ったアレは、すっかり剝けていて立派な大人の形をしています。けれど、色素がまだ薄くピンク色がかっている点は、まだまだ子どもっぽさを感じさせました。そこがまた初々しく、あらためて欲しくなった私は、胸を押しつけるように体を寄せて彼のものを軽く握ると、先端の部分を指先で愛撫します。

「ああっ、ダメです！」

ソファに座ったままのAくんは、上擦った声をあげて体をふるわせました。すぐに手の中で、彼のものがビクンビクンと脈打つと同時に、私の太腿に熱いものがまき散らされます。

「Aくんはこういうこと、やっぱり初めてなのね？」

「はい」

申し訳なさそうに視線を落としたAくんを横目に、私は自分の太腿やフロアを汚す彼の発射したものをティッシュでふきながら言いました。

「シャワーを浴びて、隣の寝室にいらっしゃい。今日は夜まで誰も帰ってこないから、今度は落ち着いてゆっくりね」

むしろ、ことを急ぎすぎたと思った自分に言い聞かせる発言です。もしかしたらAくんがおびえてしまったかもと心配になりましたが、彼は素直にバスルームへ向かいました。それでホッとした私の中で、期待が高まってきたのです。

夫婦の寝室で待つほどもなく、自分の服を抱えた素っ裸のAくんが入ってきました。まるでぜい肉のついていない若い体に、私の視線は釘づけになります。少し間を置いたせいでしょうか、Aくんのあの部分は文字どおり天を突く勢いでそそり立ち、飢えていた私の中の女が熱くなっていきます。

「服をそこに置いて、こっちにいらっしゃい」

ベッドの上でガウンを脱ぎ捨てた私に、Aくんは不意に口を開きました。

「あの、そういえば名前を知らないんですけれど」

「そうだったわね、亜紀子《あきこ》よ。でも、おばさんでいいのに」

危うく娘の名前を告げそうになった私は、苦笑しました。

「おばさんだなんてとんでもありません。亜紀子さんは十分若いですよ。喫茶店で会ったとき、お母さんだと聞いてビックリしたくらいです。スラッとしてて、それでいて胸が大きいし」

そんなほめ言葉を聞いたのは久しぶりです。私の鼓動は急に速くなり、一刻も早くAくんのアレが欲しくなりました。それで私は彼の手を引き、ベッドに上げると差し入れた舌をからめるキスをしたのです。

キスさえも経験がなかったのでしょう、それだけでボーッとした顔になったAくんを抱き締めた私は、彼をゆっくりとベッドに横たえました。

「おとなしくして、私にまかせていればいいわ」

興奮でかすれた声になった私は、Ａくんのアレを軽く握ってじらすように何度か唇を当てると、先端から口に含みました。

ただでさえ若いものが、私の口の中でいちだんと硬く熱くなるのがわかります。これがもうすぐ私の中に入ってくるのだと想像し我を忘れた私は、気がつくと、くちゅ、くちゅと音を立てて彼のものをしゃぶっていました。

「ちょっと待って、亜紀子さん」

しばらくして、Ａくんがうめき声を洩らしながら口を開きました。

私は一度、彼のアレから口を離して顔を上げます。

「また、イッちゃいそうなの？」

「さっき一度出したから、まだ我慢できそうです。それより、女の人のアソコを見てみたいんです」

いかにも、未経験の男の子らしい頼みでした。胸がいっぱいになった私は、上になったまま体を移動させてシックスナインの姿勢をとります。

「どう？　よく見える？」

私は跨ったＡくんの顔の上で、さらに足を広げました。

「はい。濡れて光っていて、とてもきれいです」

上擦った声とともに熱い息が私のアソコに当たり、それで彼がとても興奮しているのがわかりました。

そして私が目の前にある彼のものをまたしゃぶろうとして握ったと同時に、体じゅうに快感が走りました。Aくんが私のあそこに、唇を当てたのです。

「あっ！　初めてなのに、そんなことしなくても、大丈夫よ」

「亜紀子さんのここに、キスしたくなっちゃったんです」

Aくんは構わず、私のあの部分を舐め回しました。

彼の舌の動きに合わせて、私の体がピクリピクリと震えるのがわかります。やがて、Aくんの舌は、ピンポイントでいちばん敏感な部分を探り当て、私は声をあげてしまいました。

「あーっ！　そんなところ舐められたら、もうダメになっちゃう！」

そんな彼の舌の動きは、男の本能だったのでしょうか。あるいは進学校に通っている頭のよいAくんですから、私の反応を見てのことだったのかもしれません。

「亜紀子さん、ボクもう我慢できないです」

私は返事をする代わりに、Aくんの体の横に添い寝をする格好になって、またキスをします。それが合図となって、Aくんは私におおい被さりました。

私は唾液でベトベトになっている硬いものを握りなおし、私のアソコに先端を誘導します。

「あせらないで、落ち着いてね」

けれど、下からささやいた私の言葉が終わらないうちに、Aくんの十分にぬめりをまぶされた硬いアレが一気に私を突き刺しました。

「亜紀子さん！」

「あーっ！」

いきなり長いものが、私の奥まで押し込まれます。

「すごい！　亜紀子さんの中、柔らかくて温かくて、すごく気持ちがいいです」

小さく叫んだAくんは、乱暴に腰を前後させました。

最初はその荒々しさにとまどった私でしたが、歯を食いしばっているAくんの表情を見ているうちに、いとしさが込み上げてきて、彼の背に腕を回しました。さらに彼が動きやすいように腰を軽く浮かせます。

ぐちゃ、ぐちゃっとAくんのものが私の中でぎこちなく動く音が大きくなっていきます。それにつれて、私もいつの間にか快感に溺れはじめていました。特にAくんのアレの硬い先端は、私の奥を何度も力強くノックするのです。そのたびに私は、無意識のうちに快感を訴える声を出していました。

「ああっ、いい！　もっと強く動いて！　メチャクチャにしてぇ！」

私はもう、夫のことも娘のことも思い出せません。ただ、私の中で動きつづけるAくんのもののことしか、意識にありませんでした。そして、それさえも考えられなくなるほど頭の中が白くなりかけたときに、Aくんがせっぱ詰まった声を洩らしたのです。

「亜紀子さん、ボク、もう限界です！」

「大丈夫だから、中に出して！」

Aくんは動きを速めました。

また大きな快感の波が打ち寄せ、私の腰は自分の意志とは関係なく、ガクガクと大きく震えます。

「うっ！　亜紀子さん！」

すぐに私の中でAくんのアレがビクンビクンと痙攣し、奥に熱いものが注ぎ込まれたのがわかりました。同時に腰の震えが体全体に広がり、彼の背中に回した腕にいっそうの力が入ります。

私たちはつながったまま、しばらくの間、呼吸をととのえました。

やっと思考力が戻った私は、きっとベッドにはしみができているに違いないから、あとでシーツを換えなきゃ、などと頭の片隅でボンヤリ考えていたのを覚えています。

けれど、それもつかの間のことでした。

私に収まったままのAくんの若いアレは、まだ硬度を失っていないのがわかったのです。

「まだ、できそう?」

「はい」

Aくんは力強くうなずきました。

結局その日は、陽が暮れるころまで三度交わり、彼を車で駅まで送っていきました。

その後も彼とは娘のふりをして文通を続けていましたが、やはりお互いに罪悪感があったのでしょう。数カ月で、手紙のやり取りは自然消滅してしまいました。

いまは娘に孫もでき、夫とも穏やかに暮らしている私ですが、Aくんのことを思い出すたびに、バカなことをしまったと後悔しつづけています。

オンラインゲーム仲間とリアルデートに波打つ熟妻の尻肉に勃起をねじ込んで

高村儀一　デイトレーダー・二十八歳

先日、オンラインゲームで知り合った人妻「アナ」とセックスをしました。アナというのは、ゲーム上のハンドルネームで、本名ではありません。ちなみに私は「ナスビ」と名乗っていました。

アナとナスビというだけで、やや淫靡な感じがしますよね。でも最初は、彼女が女性かどうかもわかりませんでした。アナは女性名ですが、ネットではそんなものあてになりませんから。チャットで会話をしているうち、言葉の端々から女性だろうなと見当がついたので、少しずつアプローチを進めていったんです。

ネットを通じ、知らない人とコミュニケーションを取りながら進めるオンラインゲームでは、チャットを使ってリアルタイムにやり取りができます。

仲よくなれば連絡先を交換したり、スカイプを使い、TV電話のように顔を見て話しながらプレイをすることもできます。

本名もわからない見ず知らずの者同士、気兼ねのない交流ができるのは、ゲーム自体のおもしろさを超えた醍醐味があると私は思っています。

ましてや、画面越しに初めて顔を見たときに「お、スケベそうなイイ女じゃん」「私好みのイケメンじゃん」などと、お互いに思えたとしたら？

誰でもテンションが上がってしまうのではないでしょうか。

もちろん、皆が皆、下心を持って参加しているわけではありません。

むしろ通常、出会い目的のプレイヤーはウザがられます。

それが私たちの場合、とんとん拍子に会うところまでいきました。

二人の住んでいる街がたまたま近かったのもありますが、単にどちらも出会い目的でゲームをしているスケベだったんです。

アナは子どものいない主婦で、年齢は三十九歳。十五歳年上の旦那が会社の重役をしていて、経済的には不自由なく暮らしているとのことでした。しかし毎日ヒマで仕方なく、ゲームくらいしか楽しみがないんだとか。

こういう実像を知ったのは、実際に会ってからのことでした。

でもスカイプ中に見せる気だるいムードや、胸元がユルユルのだらしないタンクトップや、たまにものを食べたりするときの唇の印象から、いかにも欲求不満な人妻って感じだなぁとは思っていました。

熟女好きの私としては、ドンピシャなタイプだったんです。

全体としては細身なのに、二の腕やバストのあたりはムチッとした熟れ感があって、一方で顔は地味めというのがたまりませんでしたね。

オフ会の名目で実際に会えることになったときには、思わず舌舐めずりをしてしまいました。

デイトレーダーとして暮らしている私は、平日の昼間にもゲームができます。

だからアナみたいな主婦とも何度かプレイしたことがあります。

住んでいる場所の関係で実際に会えたことはなかったのですが、ヒマだったり欲求不満だったりする主婦には、ほかの女性にはない、発酵したような生ぐさい色気がある気がします。

なのでずっとこういう機会を待っていたんです。

アナと顔を合わせたのは、昼間から営業している、チェーンの居酒屋でした。

前もって交換したSNSで待ち合わせの日時を決めたのですが、住んでいる場所が近いといっても地元では人目があってまずいという話だったので、あえて少しだけ遠出をしました。

このときに初めてアナの全身を見たのですが、ゲームのときと違って濃いめに化粧をしていて、テロテロした薄い生地の黒いロングシャツにアニマル柄のスパッツというケバめの格好。予想していた以上にヤル気満々という感じで興奮しました。

ムチムチの太腿や尻の形があらわなスパッツは、いかにもさわり心地がよさそうですし、シャツのボタンを多めにはずしているので、正面から胸の谷間がのぞけているんです。

「ナスビ君、画面で見るより若いんだね」

そう言われて「アナさんこそお若いですよ」とお世辞を言いつつ、溢れるフェロモンを思いきり鼻に吸い込みました。

ほんとうは熟女っぷりに感激していたんですけどね。

画面越しのやり取りでは気だるい印象のアナでしたが、この日は高揚していたのでしょうか、口数が多く、酒もガンガン飲みながら、先ほど書いたような個人情報もあけすけに教えてくれました。

「旦那がもうお爺ちゃんって感じでさ。あっちが役に立たないの。向こうもわかってるから、遊んでるのがバレても何も言わないと思う」

「じゃあアナさん、いろんな男とヤリ放題じゃないですか」

「まあその気になればね……でも実際はなかなか出会いもないから、こういう機会を大事にしないと」

名目上は単なるオフ会だったのに、アナの中では完全にセックス前の顔合わせになっている様子です。私としてはどうやって口説き落とそうかとプレッシャーを感じていただけに、内心ガッツポーズでした。

なのですぐに調子を合わせ、「光栄っす。今日は俺も期待してきました。アナさん、めっちゃセクシーっすから！」と、こちらもストレートに下心を明かしたんです。

アナは、何度も酒のおかわりをしながら、セックスレスで欲求不満な主婦としての自分をしつこいくらい赤裸々に語ってきました。

たとえばベランダに干してる下着を近所に住んでる大学生がじっと見てたから誘惑したくなったとか、宅配便の人に胸元を見せて反応をうかがったことがあるとか、レイプ系のＡＶを観てオナニーをしてるとか……。

女同士でもなかなかしなさそうなド下ネタを熱っぽくしゃべってくるんです。

その分、私も正直に自分のことを話しました。

熟女系のＡＶが好きなこと、ネットゲーム経由で会ってヤッたのは過去に二人であること、アナと同じくレイプとか痴漢系のファンタジーに興味があることなどなど。

こうして話している間、私たちはお互いをハンドルネームで呼び合っていました。

本名を名乗ろうとも、逆に聞こうともしませんでした。

私の中でそれは「あくまで遊びとして深い仲になりましょう」というサインでした。

アナもそうだったと思います。

こういう点でも私たちは気が合っていました。

ネット上でどれほど手ごたえを感じていても、実際に顔を合わせて話してみるまではほんとうにイケるかどうか、わからないものです。

出会い目的にも二種類あって、交際相手を探している人もいれば、私たちのようにひとときのアバンチュールを楽しみたいというタイプもいます。

安全にタダで一発ヤレる、あるいは便利なセフレ関係を結べる、そういう相手を欲しているアナとナスビが、お互いに同類のにおいをかぎ取り、こうしてスムーズにマッチングしたんです。

「そろそろ場所替えしよっか」

ラブホへ移動する際には、アナがそう言って年上らしくリードしてくれました。

手近な安ホテルに入ると、私はもう我慢の限界に来てしまいました。

なにしろついさっきまで、まるでAVから抜け出してきたような欲求不満主婦が語る、濃厚でなまなましい猥談を聞かされつづけていたのですから。

靴を脱いだアナに背後からガバッと抱き着き、首筋に吸いつきながら胸をもみしだきました。

思っていたとおり、巨乳です。

「あっ……ナスビ君……ちょっと、急にどうしちゃったの？」

さすがに驚いた様子のアナが、片手にバッグを持ったまま身を捩《よじ》りました。

「たまんないんだよ、もう……」

そう言いつつ、私はスパッツ越しの股間に指を喰い込ませていきました。

アナがレイプもののAVでオナニーしていると聞いていたので、遠慮はありませんでした。

シャツのボタンがたくさん開いていたため、もみ合っているうち、肩がはだけてブラ紐が露になりました。

股間をいじる指先には熱い湿り気をはっきりと感じます。

ゾクゾクするような興奮を覚えました。

ツルツルの尻に勃起のふくらみを押し当て、肩にキスして、手をブラジャーの中にすべり込ませました。

硬くしこった乳首に指がふれ、アナが「うんっ」と声をあげました。

「奥さん、壁に手をつくんだ」

名前ではなくあえて「奥さん」と言ったのは、レイプ気分を盛り上げるためでした。

アナがおとなしく従うと、体ごと壁へ押し込むようにしていきながら、アナのシャツのボタンを全部はずしました。

さらにブラのカップを上にずらして、剝き出しになった巨乳を冷たい壁に押し当てさせました。

アナはバンザイするような格好で壁に手をつき、突然の私の蛮行にただハアハアと息を乱していました。

「乱暴に犯されたいんだろ、奥さん？」

ふだんこんな乱暴な口を利くことはありません。

でもこのときは、自然と口をついて出ていました。

「スパッツの上からでも濡れてるのがわかるよ？」

言いながらワレメをなぞるように指を動かしました。

「ああっ、は、恥ずかしいよ……こんなの……」

息も絶えだえに私を責めるアナですが、抵抗はいっさいしません。

それどころか、壁に手をついたまま誘うように尻を後ろへ突き出してきました。

「どんなスケベな体してるのか、見てやろうな」

宣言してスパッツを剝きおろしました。ブラジャーと同じ紫色のTバックパンティに包まれたムチムチの尻が露になります。

「もっとケツを突き出せよ」

「あっ……ああっ……」

アナが前傾して、ほとんど直角に腰を折り曲げました。

私は音を立てて自分のベルトをはずすと、ズボンとパンツをいっしょにおろして下半身裸になりました。

部屋に入ってからまだ五分ほどしかたっていません。

ほんとうにレイプみたいだと思いつつ、私はアナのTバックパンティを横にずらし、生のまま亀頭を膣口に押し当てていきました。

ニチュッと湿った音がして先端が呑み込まれました。

そのまま一気に根元まで打ち込みます。

アナが大きくのけぞって「アアッ、は、入ってる！」と叫びました。

私は夢中で腰を動かしながら、両手を伸ばして巨乳を激しくもみしだきました。

真っ昼間に人妻を犯してる……その実感に脳がトロけてしまいそうでした。

ネットを介してのやり取りは二カ月ほどありましたが、実際に顔を合わせたのはわずか数時間前なのです。

アナの尻肉が波打ち、肛門の下で濡れた勃起が激しく出入りしているのが見えます。

許可も得ず生でヤッているという刺激的な事実に、たちまち発射してしまいそうでした。が、こんなに早く終わるわけにはいきません。

アナがガクガクと膝を折りそうになったのをきっかけに、勃起を抜き出しました。

しかし私は気が弱い……念のため「こういうの大丈夫？」と聞いてみました。

すると「すっごく興奮する」と言ってくれたので、気を持ち直してその場でフェラチオをしてもらいました。

頭を押さえてのどの奥まで突っ込むイラマチオです。

「むぐっ……ぐうっ……」とうなるアナは、壁に背中を預けてしゃがみ込んだ姿勢。

ＡＶのカメラだったら私の背後からアナの股間を狙う場面だなぁと思いながら、グングン腰を動かしてしまいました。

そろそろベッドに移ってもいいか、そう判断して腰を引くと、アナが私の股間に下から吸いつき、金玉を舐めだしたので驚きました。

「うわっ……あ、アナさん……」

気がつくと、今度は私が壁に手をつき、なんと肛門を舐められていました。

シャワーを浴びていないのに……。

驚いているうちにアナの舌先が肛門の中にまで入ってきて、さらに手で竿をしごかれました。

「ち、ちょっと待って……そんなにされたらイッちゃうよ！」

私が襲われる立場になっていました。

アナのことをマゾかもしれないと思っていた私でしたが、案外、私のほうこそマゾかもしれないと思えてきます。

なにしろ気持ちいいんです。

そこは部屋の玄関を入ってすぐ、洗面所の前の廊下でした。

振り向くと、洗面所の鏡に私たちの姿が映っていました。

先ほど、AVだったら私の背後から……と書きましたが、鏡の中がまさにそのとおりの画角になっていました。

アナは、私の肛門を舐めて手コキをしながら、余った手で自分のワレメをいじっていました。

ものすごく淫らな光景です。

これが一般家庭の主婦の実像なんです。女性の性欲を舐めちゃいけないとしみじみ思いました。

こうなると私も気合を入れなくちゃいけません。

とはいえ相手はアラフォーのスケベ人妻。満足させられるだろうかと思ったとき、部屋に備えつけの電マが目に飛び込んできました。

これだ！　とひらめいた私はアナをベッドに導くと、さっそく電マにコンドームをかぶせ、クリ責めを開始しました。

振動の強さは「弱」です。以前、AV女優がインタビューで答えていたのを聞いたことがあります。当て方はクリトリスの根元に下から押し上げるように電マを当てるのがいいそうです。

スイッチを入れて弱に調節し、そのとおりに電マを操作しました。

するとアナが「ああっ、これイイッ……これだめ、イッちゃう！」とたちまち切羽詰まった声をあげ、M字開脚の格好で腰を浮かせました。

効いてる、効いてると思いつつ、私は電マをクリトリスに当てたままアナの乳首に吸いつきました。

「あはぁっ……すごい……イヤッ、イヤァッ！」

かすれた声で叫んだアナが背筋をそらせ、ガクンガクンと絶頂の反応を見せました。

まだまだ責めます。

わなないているアナに横から被さり、キスをしたり、首筋を舐めたり、乳首をつまんだりしながら、しつこく電マをクリトリスに当てつづけました。

気づけばアナの肌は汗だくです。

「イクッ……またイクッ……ナスビ君、それダメッ……おおぉんっ！」

ホテル中に響き渡りそうな大声で叫ぶアナが、私の背中に爪を立ててきました。

痛いのをグッと耐えて頭の位置を変え、今度は電マ責めに加えてクンニです。

アナのそこは白濁した本気汁で溢れ返っていました。

やや酸味がかった味とにおい……溺れてしまいそうです。

ヘビのようにくねらせるアナが、ムチムチの太腿で私の首を絞めてきました。そして「お、お願い……もうちょうだい！　ナスビ君のオチ○チン、また奥まで突っ込んで！」と懇願してきました。

この日、二度目の挿入になります。

先ほどは愛撫もなくいきなり入れてしまいましたが、今度は準備万端です。

すでに下半身裸の私は、上半身も脱ぎ去ると、やはり下半身裸、上半身はシャツとブラジャーをまとわりつかせた格好のアナに、正常位で挑みかかりました。

アナを全裸にしなかったのは、そのほうが犯してる感が出て興奮するからです。

今度はコンドームをつけ、奥までズルゥッと押し込みました。

すぐにピストンを始めると、アナが髪を振り乱し、「奥っ！　奥うぅっ！」と腹から絞り出すような声をあげました。

巨乳がいやらしく揺れ弾み、それをわしづかみにすると、指の間から肉がこぼれてますますいやらしくなりました。

「まったく、いけない奥さんだ。真っ昼間から初対面の男のチ○ポ咥え込んで、こんなに感じまくって。いまごろ旦那は働いてるんだろう？」

いじわるく言いながら、アナの体を横向きにさせ、片脚を上げさせました。

グッとのけぞったアナが「当たるっ、当たってるっ！」と顔をゆがめてシーツを握りしめました。そして「もっと！　もっと犯して！」と自分でクリトリスをいじりだしました。

私は再び電マを手にとりました。

やはり電マがなければ太刀打ちできないと思ったんです。

腰を動かして抜き差しをしながらクリトリスに電マを押し当てました。根元から先端に向けて動かしていると、アナが「もっと、もっと」とせがんできます。

そこで初めて電マの振動を一気に「強」にしてみました。

「あはあっ！　い、いいいっ……イクイクッ……イクイクイクイクーッ！」

スケベ主婦のアナにとっては、強がジャストフィットだったみたいです。

アナが絶頂すると、竿を押し包んでいる膣がキューッと強く締まってきました。

こうなると私も追い詰められました。が、まだまだ終わるわけにはいきません。

いったん勃起を抜き取り、アナを四つん這いにさせてバックで貫きました。

もちろん、電マ攻撃は引き続き行ないます。

「ひいぃっ、ナスビ君すごいっ……硬いの……硬いのが子宮に当たってるっ！」

電マだけじゃなく、私のモノにも悦んでもらえているのがわかってうれしくなりました。

前屈みになって背中に密着し、しっかりとクリトリスに電マを当てながら、巨乳を激しくもみ回しました。

亀頭の先には確かに子宮を感じています。

ネットゲームを通じて知り合い、今日初めて顔を合わせた中年主婦の子宮です。

それなりに女とヤッている私ですが、アナとのこの一戦は、いま思い出しても強烈でした。

ネットで出会う相手で、相性がバッチリなんてことはあまりありません。

それだけに、まるで私の願望から抜け出してきたようなアナとのセックスで得た興奮と快感は、大きかったんです。

フィニッシュは正常位でした。

電マも駆使し、いわゆるクリイキと中イキを両方味わわせることを意識してがんばりました。

結果は上々だったと思います。

私の射精と同時にお尻を浮かせ、ブリッジするような姿勢でイッたアナは、しばらくの間ずっとピクピクと身をふるわせ、余韻にひたっているように見えました。

後から思い返してみても、お互いに満足できる、とてもいいセックスでした。

おそらくアナは、はっきりとは言いませんでしたが、こういう刹那的《せつなてき》な出会いを繰り返しているんだと思います。

そういうワリキリがあるからこその痴態だった気がするのです。

なので、私たちの関係も、一度きりで終わりだろうなと思っていました。が、いまのところ、ゲーム中のチャットでのやり取りだけは続いています。

また会おうという話にこそならないものの、雰囲気的にはお互いに「キープ中」といったところでしょうか。

アナはすでに新しい相手をひっかけている様子ですし、私のほうも、おおむねそんな感じのこのごろです。

第二章 ぬくもりを求めて盛り場を彷徨い

テレクラの待ち合わせ相手と勘違いしホテルへ連れ込んだ美熟女がエロすぎて

篠田昌也　会社員・五十六歳

二十代後半のころ、私はテレクラにハマっていました。

当時はいまのようにインターネットもありませんから、見知らぬ女性と知り合うのはほんとうにたいへんだったので、テレクラは私のようにヤリたい男にはすごく重要なアイテムだったのです。

電話をかけてきた見知らぬ女性と待ち合わせるあのときのドキドキは、たまらないものがありました。

でも、なかなか簡単には会えません。まず電話が取れないんです。早い者勝ちだから、電話が鳴った瞬間に受話器を取らなければいけません。

最初のうちはテレクラに入店したものの、一回も電話を取れないまま終わったこともありました。

でもそれは、電話機のフックに指を置いておいて、鳴った瞬間に指を離すというテクニックを身につけたことによって解決しました。

だけど苦労して会う約束を取りつけても、今度は待ち合わせの場所に行ってみると相手が来ないなんてこともありました。

たぶん、どこかから様子をうかがっていて、待ち合わせ場所に現れた私を品定めして、気に入らなかったからそのままバックレてしまったのだと思います。

そんなハードルをいくつも乗り越えて女性と会い、セックスできたときの興奮は最高でした。

その日も、テレクラで電話早取り競争に勝って女性と約束を取りつけ、私は待ち合わせ場所に行きました。

またすっぽかされるかもしれないという不安を胸に秘めながら待ち合わせ場所に行った私は、そこに電話の相手が言っていたとおりの服装をした女性がいてホッとしました。

白いブラウスに水色のスカート。そして年齢は二十五歳、ということでした。

確かに服装はそのとおりなのですが、年齢はもう少しいってそうです。というか、かなり上のようでした。おそらく四十代……。

でも、年齢をサバ読むのはテレクラではよくあることでしたし、それにその女性はかなりの美人だったんです。しかも体つきは肉感的で、胸もお尻もボリューミーなので、若い女にはない色気があるんです。

それまで私は自分より年上の女性とセックスしたことはありませんでしたが、こういう出会いこそがテレクラの醍醐味だと思って声をかけました。

「来てくれたんですね！　会えてうれしいです！」

「えっ、私？　あの……」

初対面の相手なのでふだんよりもテンション高めに声をかけたのですが、相手の女性は少しとまどっているんです。

ひょっとしたら私のルックスが想像していたのと違っていたのかもしれないと不安になりました。

電話では「俳優のAに似てる」と言ったのですが、実際はAが三日ぐらい徹夜して働きつづけたような顔で、よく「眠そうだね」と言われいました。

それでもここでがんばらないとセックスはできません。

私はさらに自分のお尻を叩きながらテンション高く話しかけつづけました。

「すっごくかわいいですね！　想像してた以上です。お腹へってませんか？　じゃあ、行きましょうか。いいお店、知ってるんです!」

「いえ……私はその……」

まだ何か言っている彼女の腕をつかんで、私はあらかじめ目をつけておいたイタ飯屋へ向かいました。途中からは、彼女も特に抵抗することはありませんでした。昭和はとにかく強引な男がモテる時代だったのです。

店に入り、軽くお酒を飲みながら料理を食べはじめると、徐々に彼女も笑顔を見せるようになりました。

そして、あたりさわりのない話ばかりでしたが会話も弾み、やはり年上の女性だけあって、まだ二十代の私のことをかわいいと思ってくれている様子だったんです。

そこで私は思いきってホテルに誘うことにしました。いっしょに食事をするためにテレクラの電話争奪戦をがんばったわけじゃないですから。

それに、この熟女とセックスしたらどんなに気持ちいいだろうかと思うと、私の股間はもう硬くなっていたんです。

「そろそろ、ホテルへ行きませんか?」

「え?　ずいぶんストレートな誘い方をするのね」

特に怒ったわけではなさそうでしたが、彼女は少しあきれた様子で言いました。

「あなたもそのつもりでテレクラに電話をかけてきたんじゃないんですか？」

もうセックスしたくてたまらなかった私は、少しムキになってしまいました。すると彼女は、いきなり笑いだしたんです。

「やっぱりそうかあ。ずいぶん強引なナンパだなあって思ってたんだけど、人違いされちゃったのね。私はあなたがテレクラでゲットした女性とは別人よ。たぶん聞いていた服装の特徴が似てたんでしょ？　そういえば、あそこに私と同じような服装の若い女の子がいたわ。服装かぶりが恥ずかしかったのか、すぐにいなくなっちゃったけどね」

「そうだったんですか……」

私はがっくりと肩を落としました。せっかくセックスができると思っていたのに……と落胆し、ズボンの中で硬くなっていたペニスが一気に萎《しぼ》んでいくんです。

「でも、いいわよ。あなた、いい人そうだもの。実は私もね、浮気相手と待ち合わせしてたの。もちろん会ってセックスするためよ。なのに待ち合わせ時間を過ぎても来ないから、もう帰ろうかと思ってたところだったのよ。だから私、今日はけっこうエッチな下着をはいてるの」

そう言って彼女は唇をぺろりと舐めてみせるんです。とんでもなくエロい熟女です。

もちろん私のペニスはまたすぐに臨戦態勢になっていきました。

「じゃあ、行きましょうか。時間がもったいないんで」

私は伝票をつかんで立ち上がりました。

そしてこれもまた事前に目星をつけておいたホテルへと駆け込みました。

そのホテルはテレクラでゲットした相手をいつも連れ込んでいた勝手知ったるホテルなんです。

部屋に入るとすぐに、私は彼女を抱き締めてディープキスをしました。

ぴちゃぴちゃと唾液を鳴らしながらたっぷり舌を舐めしゃぶってあげると、彼女は頬を上気させて言いました。

「はあぁぁん。こんなすごいキスは久しぶりだわ」

彼女の瞳はうるみ、濡れた唇がすごく色っぽいんです。

「こんなのはまだ序の口ですよ。さあ、ベッドへ行きましょう！」

私は彼女を抱き上げて、ベッドまで運びました。

「あぁぁぁん、ダメよ。街を歩いて汗をかいたから、先にシャワーを浴びさせて」

「シャワーなんていいですよ。ぼく、もうあなたを抱きたくてたまらないんです。だってあなたはすごくきれいで、すごくエロいから」

「わかったわ。そんなふうに言ってくれるなら、あなたのしたいようにさせてあげる」

「じゃあ、裸を見せてください！」

私は彼女のブラウスとスカートを剝ぎ取りました。

「あぁぁん、やっぱり恥ずかしいわ。もう少し照明を暗くして」

ブラジャーとパンティだけという姿になった彼女は、自分の体を抱き締めるようにして言いました。

だけど、そんな願いを聞き入れるわけにはいきません。

「エロいパンティをはいてるって言ってましたよね。それ、見せてくださいよ」

私は彼女の両脚を左右に押し開きました。彼女のパンティは黒いスケスケのもので、陰毛が渦を巻いているのが透けて見えているんです。

確かにエロいですが、まだ二十代だった私はやっぱりそんなものよりも、その奥に興味津々でした。

「ぼくはやっぱり下着よりも、実物のほうが……」

そう言うと私はパンティを一気に引きおろし、今度は彼女の膝の裏に手を添えて腋の下のほうへ向けて押しつけました。

するとと美熟女の陰部が私の目に飛び込んできました。

肥大気味の肉びらは茶褐色で、膣口がぽっかりと口を開いて、物ほしそうにヒクヒク動いているんです。

「あっあぁん……この格好……恥ずかしすぎるわ。ああぁん……」

悩ましい声で言いながらも、彼女は手でオマ〇コを隠そうとはしません。私が見ることで興奮するのと同じように、彼女は見られることで興奮するようでした。

「すっごくエロいですよ。ああ、熟女のオマ〇コって、若い女の百倍エロいです。たまらないですよ。もっともっとエロくしてあげますね。だから、自分で両膝を抱えててください」

恥ずかしがりながらも、こういうプレイを楽しく感じているのでしょう。彼女は私に言われるまま両膝を抱えてみせました。

私は自由になった両手の親指を彼女の肉丘にそっと添え、力を入れたり抜いたりしてみました。

すると小陰唇が開いたり閉じたりを繰り返し、ぴちゃぴちゃと音を立てて愛液が糸を引くんです。その量はほんとうにすごくて、お尻の穴のほうまで流れ落ちていくぐらいでした。

「あああん、もうダメよ。今度は私の番。オチ〇チンを見せて」

彼女は体を起こし、私のズボンを脱がしました。飛び出したペニスは、もちろんもうフル勃起状態です。

「す……すごいわ。若いって素敵ね」

彼女はペニスをぎゅっとつかみました。

「うっ……」

「ああん、すっごく熱いわ。それに硬くて……はあぁぁぁん……」

彼女は握り締めた手を上下に動かしはじめました。

「あら、先っぽから何か出てきたわ。ああん、おいしそう」

そう言ってぺろりと亀頭を舐めたかと思うと、彼女は上目づかいに私の顔を見つめながら、ぺろりぺろりと裏筋を舐めはじめるんです。

「ううう……気持ちいいです……ああ……すごくエロいです」

「うふっ……オチ○チンをピクピクさせちゃって。かわいいのね。もっと気持ちよくしてあげるわ」

彼女はペニスを口に含み、温かな口の中の粘膜でヌルヌルと締めつけてくるんです。

そのままジュパジュパと唾液を鳴らしながら彼女が首を前後に動かしはじめると、強烈な快感が私を襲いました。

テレクラに入店したときからほとんどずっと勃起していたので、すぐに射精の予感が高まってきました。

「だ、ダメです。そんなにしたら……うう……」

私が苦しげに言うと、おもしろがって彼女はさらに激しく舐めしゃぶるんです。

そのまま射精してしまっても、すぐにまた硬くなる自信はありましたが、いちばん気持ちいい状態で彼女のオマ○コを味わいたい思いがあったんです。

だから私は彼女を押しのけるようにして、ベッドの上に体を起こしました。

「あああん、どうしたの？　せっかく気持ちよくしてあげてるのに」

あおむけに転がった彼女が、非難するように言いました。

「いや。今度はぼくが気持ちよくしてあげますよ。浮気相手にすっぽかされて、体が疼いてるんじゃないんですか？」

返事を待たずに私は彼女に襲いかかりました。そして唇や首筋、鎖骨のあたりなどにキスをして、そのまま乳房を舐めはじめました。

「あああん、くすぐったいわ。はあああん……」

彼女は白い肌を桜色にほてらせながら、体をくねらせます。そんな彼女の乳房をわしづかみにして、乱暴にもみしだき、硬くとがっている乳首を赤ん坊のように吸ってあげました。

「あっ……そ……それ、気持ちいいわ。あああん」

彼女は私の後頭部に腕を回して、きつく抱き締めるんです。本気で感じているのが伝わってきて、私の愛撫にも力が入ります。私は左右の乳首を交互に吸い、舌で転がすように舐め回してあげました。

「はあっ……んんん……それ……すごく気持ちいいぃ……あああああん……」

彼女は喘ぎながら体をのけぞらせました。その感度のよさに興奮しながら、私は彼女の股の間に手を伸ばしました。

そこはもうすっかりとろけていて、私の中指は第二関節あたりまで簡単にぬるりとすべり込んでしまいした。

「あっはあああん……」

喘ぎ声とともに膣壁がきゅーっと収縮し、私の指を押し出すんです。

「おお……すごくきついですよ。これは名器ですね」

「あっ、いや。そんなこと言わないで。恥ずかしい」

そう言うものの、私が指を抜き差ししはじめると、彼女は自分から股を大きく開いて協力してくれるのでした。

そこは指の動きに合わせてクチュクチュと鳴り、すごいことになっていそうなんです。

「もう一回、オマ○コを見せてください」

私は乳首責めをやめて、彼女の股の間をのぞき込みました。

そこはさっき見たときよりも、ずっとずっとエロくなっていました。肉びらが分厚く充血し、ヌラヌラ光っているんです。

しかも、指でほじくられた膣口はぽっかりと口を開き、さらなる愛撫を催促するようにヒクヒクとうごめいています。

そして、さっきはまだ皮をかぶっていたクリトリスが、パンパンにふくらんだその姿を剥き出しにしているのでした。

「なんだかクリがすごいことになってますよ。ここ、ぼくにどうしてほしいですか？」

「そ……そんなことを言わせるの？　恥ずかしすぎるわ」

「じゃあ、こうやって見てるだけでいいんですか？」

「ダメよ、そんなの。ああぁん、舐めてぇ……クリちゃんを舐めてほしいのぉ……」

熟女ならではのその素直な要求に、私の興奮はさらに高まりました。

「いいですよ。クリちゃんを舐めて、いっぱい気持ちよくしてあげますからね」

私はクリトリスに食らいつき、口に含んだ状態で舌先を高速で動かしてくすぐるように刺激してあげました。

やっぱり、クリトリスの感度は乳首とは比べものにならないようです。彼女は奇妙な声を張りあげて、体をのたうたせるのでした。

「はっ、ああんっ……いっ、いい……はあっ、うんん……」

でも、熟女の性欲は私の想像を超えていました。そのクリ舐めだけでは満足できないらしく、さらなる愛撫を要求してくるんです。

「いっしょに……いっしょに中もいじってぇ……」

それはさっきの指マンもいっしょにしてくれというお願いです。もちろん私は彼女を気持ちよくしてあげたかったので、拒否する理由もありません。

「いいですよ。こんな感じでいいですか？」

返事をしてからもう一度クリトリスを口に含み、舌先でくすぐるように舐めながら、膣の中に指を挿入しました。

「あっ、はあぁん……」

切なげな声を出しながら、彼女はもっとしてほしいといったふうに、自ら両膝を抱えて陰部を突き出してみせるんです。

それなら、もっと気持ちよくしてあげたい。この熟女を快感で狂わせてやりたい。そんな思いから、私は指先を少し曲げて、膣の入り口付近のザラザラした部分をこするように動かしてあげました。

「ああっ……いい……すごくいい……あああんっ……」

熟れたオッパイをゆさゆさ揺らしながら彼女は体をのたうたせました。その様子がエロくて、私はクリトリスをさらに強くしゃぶりながら、膣穴を指でほじくりつづけたんです。

「ああっ……もう……もうダメ。あああん、イクイクイク……イッちゃううう！」

彼女がそう叫んだ瞬間、ぎゅうっと膣穴が収縮し、私の指をきつく締めつけました。そして、その締めつけがゆるんだと思うと、彼女はぐったりと四肢を伸ばして、ピクピクと体を痙攣させるのでした。

「イッちゃったんですか？」

私が声をかけると、彼女はうつろな目をこちらに向けて、百メートルを全力疾走したあとのように苦しげな呼吸をしながら言いました。

「はあぁぁ……イッちゃった……あああん、すごく気持ちよかったわ」

そして、彼女の視線が私の股間へ向けられました。

「今度はそれで、奥のほうまで気持ちよくしてちょうだい」

「いいですよ。これでヒーヒー言わせてあげますよ」

下腹にピタリと張りつくほども力をみなぎらせていたペニスを手でつかんで引きはがし、その先端をとろけきった膣口に押し当てました。

すると、まるでイソギンチャクが獲物を補食するときのように、彼女のオマ○コが私のペニスを呑み込んでいくのでした。

「あああん……入ってくる……入ってくるわ……気持ちいい……」

根元まで完全にペニスを呑み込んでしまうと、彼女は私の背中に腕を回して下からきつく抱き締めるんです。

「ぼ……ぼくも気持ちいいです。ううう……このオマ○コ、すごくきつくてヌルヌルしてて最高です。あううぅ……」

私は彼女の美しい顔を間近で見おろしながら、腰を前後に動かしはじめました。

「ああっ……いいっ……オチ○チンが奥まで当たるわ。ああぁ……」

「奥が好きなんですね？　じゃあ、もっと突き上げてあげますよ。ううう……」

「ああん……はあああん……あああん……いい……気持ちいい……はあぁん……」

私が膣奥を突き上げるたびに、彼女の口から苦しげな声がこぼれ出るんです。

官能にまみれた熟女の顔はエロすぎます。ペニスに受ける快感も強烈でしたが、彼女の漂わせる色香がすごいんです。

それは若い女の子にはないものでした。初めて経験する熟女との濃厚なセックスに、すぐに私の下腹部に射精の予感が込み上げてきました。

もっとじっくりと時間をかけて楽しみたいと思いながらも、もう私は腰の動きをセーブすることもできずに、本能のままにピストン運動を続けてしまうんです。

「ああっ、もう……ぼくもう限界です……」

「いいわ。私もまたイキそうよ。今日は大丈夫な日だから、中にちょうだい。さあ、いっしょに……いっしょにイキましょ……あああん……またイッちゃうぅ！」

そう言った直後、彼女の体が硬直し、膣壁がペニスを引きちぎらんばかりにきつく締めつけてくるんです。

「あああっ……もう出る！　ううう！」

低くうめき、私は熟女のオマ○コの奥に熱い精液を大量に放出したのでした。

そのときの体験があまりに強烈だったので、それ以降、私は熟女専門のテレクラに鞍替えして、何十人もの熟女を食いまくったんです。それが私の性春なのでした。

掲示板に伝言を残す美女をつけ回すと瓢箪から駒でセックスをせがまれて……

山森大樹　会社員・五十五歳

最近はすっかり見かけなくなりましたが、昭和の時代にはどこの駅にも掲示板が設置されていました。

いまのように携帯電話で気軽に連絡が取れる時代ではなく、掲示板に待ち合わせの相手にメッセージを残していたのです。

私が大学二年生だった昭和六十二年は、国鉄からＪＲへ変わった年です。そのころは毎日の通学に列車を利用しており、駅の掲示板も目立つ場所に置いてありました。

簡潔な要件だけのメッセージや、デートの待ち合わせらしいもの、乱暴な言葉で遅刻をした相手を責めるものなど、さまざまな書き込みが並んでいました。

私は暇さえあれば掲示板に目を通していました。書き込んだのがどんな人なのか想像するのが、ちょっとした暇つぶしだったのです。

そのなかでも特に印象に残っているのが、女性が書き込んだと思われるこんなメッセージでした。

『佑二《ゆうじ》さんへ。これで最後にします。お願いだから一度だけでも会ってください。駅前の喫茶店で待っています。恭子《きょうこ》より』

私は一目見て、恋人から別れ話を持ちかけられた女性だとピンときました。

きっとこの女性は恋人ともう一度よりを戻したいものの、なかなか会ってもらえず、しびれを切らしたのでしょう。

あれこれ想像をしているうちに、私は好奇心を抑えきれなくなりました。どんな女性なのか一目見てやろうと、掲示板に書かれていた喫茶店に行ってみたのです。

店内には数人の客がいましたが、一人で座っている女性は奥の席にいました。見たところ、年齢は二十代の後半ぐらい。ＯＬ風の落ち着いた感じの服装で、顔立ちはなかなかの美人でした。

私はなにげないふりをして、彼女が見える席に座りました。そうしてコーヒーを飲みながら本を読み、こっそり彼女の観察を続けました。

ところがいくら待っても、彼女の待ち人は現れません。二時間が過ぎて外もかなり暗くなってくると、さすがに彼女もあきらめたようです。

辛抱強く待っていた私も、せっかくの時間をむだにしたと思い席を立ちかけました。すると彼女のほうから私に近づいてきたのです。

驚いていると、彼女は私に向かって「もしかして私に何か用があって来たんじゃないんですか」と声をかけてきました。

どうやら私が彼女を観察していたのは、とっくにバレていたようでした。ずっと席を立たず、何度もチラチラと視線を送っていたので当然といえば当然です。

「あの……すみません。実は駅の掲示板を見て、どんな人だろうとちょっと好奇心が出てしまって」

そう白状をすると、彼女は怒っているとか思いきや、意外な言葉をかけてきました。

「よければ、もうちょっとだけつきあってもらえませんか？　私がおごりますから」

まさか彼女から誘われるとは思いもしませんでした。

私はまったくの赤の他人で、しかも勝手に伝言を読んでつけてきただけです。こんなストーカーのような行為をしていた年下の大学生を、彼女は喫茶店から連れ出すと、近くの居酒屋に場所を移しました。

そこで彼女と私は同じテーブルで向かい合い、一対一でお酒を飲みはじめました。

といっても普通のカップルのように甘い空気があったわけではありません。要は彼女のやけ酒につきあわされただけです。

彼女の名前は掲示板に書いてあったとおりの恭子さん。二十八歳のＯＬで、恋人は同じ駅を利用していた別の会社のサラリーマンだそうです。

詳しく話を聞くと、長いこと交際を続けてきたものの、次第に避けられるようになってきた。不審に思い探ってみたところ、新しい恋人ができていたというのです。

「それであいつ、とうとう私からの電話にも出なくなって……とっくに愛想を尽かされているのはわかっていたけれど、最後の望みだと思ってあの伝言を残しておいたの。ま、こうなることは予想もついていたんだけど……」

お酒が入った彼女は、彼氏への恨み言を並べながら、次第に酔いが回ってきたようでした。きれいな見た目に反して、あまり酒癖はよくないようです。

ずっと愚痴につきあってきた私は、早く終わってくれないかと内心うんざりしていました。

そして深夜になってようやく彼女が席を立つと、私はホッとしました。

ところがこれで終わらなかったのです。店の外に出て帰ろうとする私に、なんと彼女が腕を組んで体を寄せてきました。

「ここまできたら、最後までつきあって」

「えっ、最後までって……」

「決まってるでしょ。これからホテルに行くのよ」

驚いている私を尻目にタクシーを呼び止めると、ラブホテルまで走らせたのです。

彼女と二人で並んだ車内で、私はあっけに取られたままでした。

かなり飲んでいてお酒くさく、ほとんど酔いつぶれた状態です。彼氏に捨てられた腹いせと酔った勢いでホテルに誘ったとしか思えません。

それでも私にとっては、思いがけない幸運でした。いくら酔っているとはいえ、きれいな女性とセックスができるのなら、断るわけがありません。

ラブホテルに到着し、部屋に入るとすでに彼女は臨戦態勢でした。

「お願い、私を抱いてあいつのことを忘れさせて」

そう言うなり、私に抱きついて強引に唇を奪ったのです。

むせ返るようなお酒のにおいと、甘ったるい香水の香りで頭がクラクラしそうでした。

それでも私は彼女の体を受け止めて、しっかりと唇と舌を味わいました。積極的に絡みついてくる舌の感触がたまりません。

「あの……ほんとうにいいんですか？　ぼくなんかと」

もうキスまでしたというのに、私は白々しく彼女に聞いてみました。

「いいに決まってるじゃない。私なんかの愚痴に最後までつきあってくれたんだから。遠慮しないで、好きなだけ私を抱いていって」

とまで言ってくれたのです。

これで私もためらいがなくなりました。こうなったら彼女の望みどおりに、たっぷりと抱いてやるだけです。

もっとも私よりも、彼女のほうがはるかに大胆でした。一度だけでなく二度、三度とキスを繰り返し、そのまま私をベッドに押し倒したのです。

「ンンッ、ンッ……」

上からのしかかってきた彼女は、強引に私の唇を奪いながら、鼻にかかった色っぽい声を出しています。

よっぽど鬱憤《うっぷん》が溜まっていたのでしょうか、熱烈なキスを繰り返す彼女の前に、ベッドに横たわった私は身動きさえとれませんでした。

ようやくひと息をついたころには、私は骨抜きにされ頭がぼうっとしていました。

「ほら、しっかりして。まだこれからなのに」

そんな私とは正反対に、彼女はますますやる気になっています。私の体に跨ったまま、おもむろに服を脱ぎはじめました。

乱暴にシャツを脱ぎ捨て、スカートも剝ぎ取ります。下着姿になってもためらうどころか、一気にブラもショーツも脱いでしまいました。

私の目には、まぶしいほどの美しい裸が映っていました。

きれいな形にふくらんだ胸の先に、ぷっくりとした乳首がとがっています。腰のくびれもしっかりとあり、スタイルのよさは一目でわかりました。

こんな体を自由にできるのに、どうして彼氏は別れる気になったのだろうと、不思議に思うほどです。

「見て、ここ」

そう言うと、彼女は腰を顔に近づけてきました。

私の目に入ってきたのが、肌色のままのツルツルの股間です。そこには一本の毛さえ見当たりません。

「あいつに抱かれるときは、いつも全部剃《そ》ってくるよう言われてたの。今日だってもしかしたらと思って、ちゃんと準備してきたのに。捨てられないように、言われたことはなんでもしてきたのよ」

こんなに尽くしてきたのにと言いたいのでしょうが、私は興奮でそれどころではあ

りません
剝き出しになった割れ目が、すぐそばでいやらしいにおいを放っていました。よく見ればピンク色の肉粒が顔を出しています。

待ちきれなくなった私は、まだ彼女がしゃべっている最中に、ぺろりと股間を一舐めしました。

「ああっ」

すると彼女はおしゃべりを止め、小さな喘ぎ声を出しました。

さらに舌を走らせているうちに、腰が何度もぴくんぴくんと跳ね上がっています。

「ああ……そこ舐められるのも、すごい久しぶりで気持ちいい」

うっとりとした声で、私の顔に跨りながら喘いでいます。

彼氏に会えない間は、きっとものすごい欲求不満だったのでしょう。その性欲をすべて私に向けているので、まったく遠慮が見られません。

舐めているうちに、割れ目の奥からとろりと愛液が溢れ出てきました。

それと同時に、彼女の腰のくねりも激しくなってきます。

「あっ、んんっ！　ああ、もっと……」

感じている彼女は身悶えるだけでなく、股間ごと顔に押しつける動きになってきました。

酔いもあるとはいえ、出会ったころとは別人のような豹変ぶりに私は驚いていました。ここまで淫らになってしまうとは、さすがに想像ができませんでした。

そうするうちに、今度は彼女の体がくるりと反転しました。

目の前には股間ではなく、突き出されたお尻が迫ってきます。大きくて形のいい、立派なお尻でした。

こちら側からの眺めもなかなかのものです。開いたお尻の谷間から、股間だけでなくお尻の穴まで丸見えになっています。

私がその場所をじっくり観察していると、彼女の手が私のズボンからペニスを取り出そうとしていました。

モゾモゾと股間に手が這っている間に、私は再び彼女のお尻に顔を埋めました。そして心ゆくまでにおいを吸い込み、舌を這わせました。

しばらくしてようやくペニスを引っぱり出した彼女は、そのまま顔を沈めて口に含んでくれました。

私たちは互いに股間に顔を埋め合い、シックスナインの形になっています。

唾液で湿った唇が、すっぽりとペニスを呑み込んでいました。口の中にもたっぷり唾液があり、温かい沼に吸い込まれているようです。

さらに快感を与えてくれるのが、いやらしく這い回る舌でした。

「ううっ……」

私は思わず股間から口を離し、ため息を洩らしました。

彼女のフェラチオはとても巧《たく》みです。特に舌の使い方は驚くほどで、ペニスの隅々までねぶり尽くされるかのようでした。

舌先がれろん、れろんと亀頭を舐め回している間も、唇は休まずに動きつづけています。

次第に私は自分が天国にでもいるような気になってきました。これほどまでの気持ちよさは一度も味わったことがありません。

「どう？　気持ちいい？」

「はい。すごく……」

お尻越しに彼女と会話を交わしていると、思いがけないサービスまで受けることができました。

彼女の体が下にずれたかと思うと、口とは違うやわらかな感触がペニスを挟み込みました。その二つのふくらみが、胸だとすぐにわかりました。

まだその当時はパイズリなんて言葉は一般的ではなく、私もそうした行為があることさえ知りませんでした。

フェラチオほどではないものの、胸の谷間に挟まれペニスをしごかれると、なんとも不思議な刺激があります。

彼女は体ごと胸を動かしながら、口から新たな唾液を垂らしてくれました。そうするとすべりがよくなり、快感もさらにアップしました。

「これってあいつが大好きだったの。わざわざ私に練習までさせて、いつも疲れるまでやってあげたのよ」

どうやらこうしたプレイも彼氏に仕込まれたようでした。彼女に惚《ほ》れられているのをいいことに、さまざまな変態行為を強要していたのでしょう。

もちろん私も彼女のパイズリをたっぷり堪能させてもらいました。一度味わってみると、確かに病みつきになるのもわかる気がします。

しかしそろそろ本番をしたくなり、せっかくのサービスですがいったん中断してもらいました。

もちろん彼女も断るはずがありません。そもそも私に抱かれるために、ここに連れてきたのです。

「私も今夜は徹底的に乱れるから。あなたも覚悟しておいてね」

彼女はそう言うと、早くも抱かれる準備をしています。

当然、私もコンドームを用意しようと思いました。こういうホテルではベッドに備えつけてあるのは私も知っています。

ところが彼女は、そんなものは必要ないとばかりに、私を強引に足の間に引っぱり込んだのです。

「えっ、コンドームを使わなくてもいいんですか」

「だいじょうぶだから。どうせあいつとは別れたんだし、私もこれから好きなことをして楽しむことに決めたの。遠慮しないで、そのまま私の中に入れて」

彼女はいとも簡単に、生でのペニスの挿入を許してくれました。

私は迷いましたが、早く抱きたいという欲求が勝っていました。こうなれば毒を食らわば皿までと、彼女の望みどおりにしたのです。

まずは割れ目にペニスを押し当て、入り口を亀頭で探ります。

すでに愛液でたっぷり濡れているので、すべりもかなりよくなっていました。穴の入り口もヒクヒクしながら私を待ち構えています。

そのまま角度をととのえて、ズブッと突き刺してやりました。

「はぁんっ……！」

根元まで深く挿入すると、彼女は大きな声を出して私にしがみつきました。

目を閉じながら、強い力で私の体を抱き締めています。あの瞬間だけは、私のことを別れた彼氏だと思っていたのかもしれません。

彼女の膣はとても締まりがよく、ペニスを思いきり絞り上げてきました。

「おおっ……」

あまりの具合のよさに、私までつい声が出てしまうほどです。

しがみつかれているので、すぐには腰を動かせません。その代わりに私は腰を密着させたまま、しばらく膣の中をじっくり味わっていました。

ぬるぬるとした穴の感触といい、まとわりつくような締めつけといい、こんな体に飽きてしまうなんてますます信じられません。

ようやく腕の力がゆるんだところで、私はクイクイと小刻みに腰を動かしはじめました。

「んっ、あっ、ああっ」

私の動きに合わせて、彼女も短く声をあげてくれます。

今度は抜き差しを邪魔されないように、両足を抱えながらのピストン運動です。

「あっ……ああんっ！」

力強く腰を突き上げると、彼女の喘ぎ声もいっそう大きくなりました。

彼氏がどんなテクニックを持っているのかわかりませんが、若さとスタミナは私のほうがあるはずです。このままうまくいけば、年上の美人ＯＬを自分の彼女にできるかもしれないと、そんな願望も抱いていました。

そのためにはもっと感じさせてやろうと思い、さらに目いっぱい腰を振ってやりました。

「ああっ、ダメ……そんなにされると、おかしくなっちゃう」

彼女の乱れっぷりも、次第に激しくなってきました。私の下で身悶えしながら、髪の毛を振り乱しています。

私も体に汗をかいていました。疲れてきても、ここで休むわけにはいきません。

「どうですか。もっと欲しいですか？」

「うん、もうどうなってもいいから、いっぱい私を楽しませて」

私は彼女の望みを聞き入れるため、腰のぶつかる音がするほど力を振り絞りました。

そうやって私が夢中になっているうちに、あることに気づきました。彼女が感じるにつれ、膣も中もギュッと強く締まってくるのです。

ただでさえ刺激が強いのに、これ以上絞り上げられてしまったら、ひとたまりもありません。

彼女はそれに気づいていないのか、私の腰にくっついてしきりに波打たせています。私から離れようとは、まったく考えていないようです。

生でペニスを入れているので、我慢できなくなる前に抜かなければと思いました。

しかし彼女がそれを許してくれないのです。

「ああ、もうイキそうです。抜いてもいいですか」

はっきりとそう伝えたにもかかわらず、彼女は「ダメっ、絶対にダメ」と叫びながら、背中に腕を回してきました。

これでもう私は逃れられません。いえ、本気で力を出せばペニスを抜くことができたかもしれませんが、そのときの私は中出しの誘惑に負けてしまったのです。

すさまじい快感が込み上げてきて、一気に膣内で爆発させました。

「ううっ……!」

私がうめき声をあげながら射精している間も、彼女はしっかりと私の体を捕まえていました。

たっぷり時間をかけて出し尽くすと、ため息と同時に体の力が抜けてしまいました。

ずっと張り切って腰を振っていたので、疲れてしばらく動けませんでした。

ところが彼女のほうは、まだまだやる気満々なのです。

「今度は後ろからして。私、こっちのほうが好きなの」

射精したばかりの私にそう言って、お尻を向けてきました。

仕方なく私は再びペニスを奮い立たせ、二度目のセックスを開始しました。

もっともこの時点では、二度もセックスができてラッキーだという思いもありました。まだまだスタミナは残っているし、どうせなら絶倫ぶりをアピールしておきたかったのです。

バックからつながった彼女は、より感じやすく喘ぎ声も大きくなりました。ここがラブホテルでなければ外に聞こえてしまいそうなほどです。

もちろん二度目も膣内に発射し、今度こそ満足をさせただろうと自信がありました。

「ねぇ、もっとして。まだ物足りないの」

しかしそれは甘い考えでした。引き抜いたばかりのペニスにむしゃぶりつかれたときには、彼女のことが心底怖くなりました。

どうやら彼女は根っからのセックス好きだったようです。しかも自分が満足するまでは、けっして相手を離さない淫乱ぶりです。

こんな姿を見せられては、彼氏が別れた理由もわかる気がしました。いくら体がよくてなんでも言うことを聞いてくれても、会うたびにこうしてしつこくセックスをせがまれては、さすがに逃げ出したくなったのではないでしょうか。

なんとか私は残った精力を振り絞り、とうとう一晩で四回もセックスをしてしまったのです。

終わったころにはすっかりヘトヘトになり、ベッドから起き上がれませんでした。彼女もさすがに満足をしたようでした。同時に酔いからもすっかり醒めてしまったようです。

「すみません、私……あんな恥ずかしいことをしてしまって。酔っぱらっちゃうと、いつもああなってしまうんです」

さっきまでさんざん乱れていたのに、急に真顔になって謝ってきました。

死んだように横たわっている私と、股間から垂れ流しになっている精液を見て、これまで何をしてきたか思い出したようでした。ついでに裸の自分に気づき、恥ずかしそうに体を隠していました。

「でも、おかげでスッキリしました。もうあいつのことは今日できっぱり忘れられそうな気がします」

どうやら彼女は未練を断ち切ることができたようです。偶然出会ってセックスをしただけの私に、感謝までしてくれました。

しかし彼女とは、やはり一夜限りの関係でした。ホテルを出るとそれっきり、二度と会うことはなかったのです。

あれから長い月日が過ぎましたが、仕事帰りに駅に立ち寄ると、無意識に掲示板を探してしまうことがあります。

そういうときは青春時代の記憶が蘇《よみがえ》り、いまはもう見ることができない駅の掲示板が、むしょうになつかしくなってくるのです。

リモートカフェで顔見知りになった男性と欲望のままに互いを求め合い絶頂へ……

斎木篤子　会社員・四十四歳

五年前に離婚し、いまは広告のデザイン関係の会社員をしています。

幸か不幸か、子どもは出来ませんでした。

コロナの影響下でリモートワークが増え、私が住んでいる町にもリモートカフェができました。

家の中に閉じこもっていると、仕事がはかどらないし、どうしても鬱憤が溜まってしまうんですよね。

そこで、気分転換にリモートカフェを利用するようになりました。

半個室なら六十分ワンドリンクつきで三百円、鍵つきの個室でも四百五十円、三時間パックだと千三百円とけっこうリーズナブルなんです。

とても静かで仕事もはかどり、利用する機会が徐々に増えていきました。

そんな最中、オープンスペースでお茶を飲んでいるときに吉本《よしもと》さんから声をかけられたんです。

彼とは何度か顔を合わせており、軽く会釈は交わしていたのですが、二言三言話してからは気軽に挨拶する間柄になりました。

彼は三十七歳、離婚歴があるそうで、似たような環境からひかれてしまったのだと思います。

もしかすると、一人暮らしのさびしさも影響していたのかもしれません。

夫と別れたあとは異性との交流が一度もなく、男女の営みもありませんでした。

そんな事情から、ひと月がたったころ、彼から飲みに誘われ、私は断ることなく了承してしまったのです。

いまにして思えば迂闊《うかつ》だったと思いますが、これが最後の恋になるんじゃないかという思いもありました。

三日後の土曜日、私たちは駅前で落ち合い、感染対策をしっかりしている個室居酒屋に向かいました。

そこで、二時間ほどはおしゃべりしたでしょうか。

久しぶりの飲み会に気分も高揚し、私もいつになく饒舌《じょうぜつ》だったと思います。

吉本さんは服飾関係の会社に勤めていたらしく、二年前に先輩二人と独立して会社を興《おこ》したそうです。

彼は機知に富んでおり、時間がたつのを忘れるほど楽しい時間を過ごしました。

「この時期だから、お仕事のほう、たいへんじゃないですか？」

「たいへんはたいへんですけど、独身ですし、男の一人暮らしは身軽ですからね。斎《さい》木《き》さんは、どうなんですか？」

「私は……」

将来に対する不安はもちろんありましたが、本音は告げられるはずもありません。

言葉に詰まると、吉本さんは身を乗り出し、熱い眼差しを注ぎました。

「でも一人で食事していると、むなしくなるときはあるんです。このまま、ずっと一人というのもさびしいかなって……」

「そ、そうですよね」

「いまは、全然さびしくないですよ。それでもオープンスペースで声をかけたときは、ドキドキだったんですけどね」

「そんなふうには見えなかったですけど」

「あはは、断られたらどうしようって、ずいぶん迷ったものです。人妻かもしれないし、独身でも恋人がいる可能性はありますからね」

「恋人なんて……いません」

「ほ、ほんとうですか？」

「五年前に離婚してからは、ずっと一人です」

「じゃ、ぼくと同じだ」

「嘘……でしょ？」

「ホントですよ」

にっこり笑った顔が人なつっこくて、七歳という年齢差が頭から吹き飛びました。

そこから警戒心はすっかり消え失せ、以前から知り合いだったかのように話が弾んだんです。

店をあとにし、エレベーター待ちしているときに手を繋がれ、体が燃え上がるほど熱くなりました。

子宮がキュンと疼き、私の女が彼を求めていることは自覚していました。

吉本さんが顔を近づけても、ためらうことなくキスを受け入れてしまったんです。

熱い舌が口の中を這い回り、唾液を吸われるたびに体から力が抜け落ちました。

ヒップをなでさすられただけでも、あそこから愛液が溢れ出し、ゾクゾクする快感が背筋を突き抜けたんです。

性の悦びに胸がときめき、後戻りする気持ちは微塵《みじん》も残っていませんでした。

私たちはそのまま近場のラブホテルに入り、部屋に到着すると同時に再び情熱的なキスを交わしました。

「ああ……信じられないです。斎木さんと、こんなことになるなんて……ついこの間までは赤の他人だったのに」

「……私も」

ヒップをギュッギュッとつかまれ、女の大事な箇所がひりつきました。

吉本さんは、テントの張った股間を下腹にグイグイ押しつけてくるんです。

ズボンの上からでも熱い昂りがはっきり伝わり、悶々《もんもん》とした気持ちが内から迸《ほとばし》るようでした。

お恥ずかしい話ですが、あのときの私は自分でも驚くほど昂奮していて、女の欲望を抑えることがまったくできない状態でした。

「斎木さんがほしいです!」

「ちょっ、ちょっと待って……あンっ」

ベッドに押し倒され、ブラウスのボタンをはずされると、さすがに気が引けました。

出がけにシャワーは浴びていたのですが、この日は湿度が高く、飲んでいる間にかなりの汗をかいていたからです。

「あ、汗を流させて」

「我慢できません！」

「……お願い」

私は彼を押しのけ、浴室に向かいました。

脱衣場で服を脱ぎ、ショーツを引きおろすと、クロッチには大量の愛液がへばりついていて、見られなくてよかったとホッとしました。

ところがシャワーを浴びていると、全裸の吉本さんが入ってきて、後ろから抱きついてきたんです。

「あ、やっ」

「はあはあっ、すみません……とても待ちきれなくて」

お尻に当たったおチ○チンはすでにガチガチの状態で、亀頭はいまにもはち切れそうなほど張りつめていました。

「斎木さん」

「あ、ンむぅ」

唇を強引に奪われ、大きな手で乳房をもみしだかれると、女の欲望がまたもや頭をもたげました。

私は知らずしらずのうちに手を伸ばし、勃起したおチ◯チンを握りしめてしごいていたんです。

「お、おおっ」

「ン、はぁぁっ」

「き、気持ちいいです」

「洗って……あげる」

「く、くうっ」

陰嚢から根元、胴体からカリ、先っぽと、湯を浴びせながらきれいにしてあげると、吉本さんは目を細めて喘ぎました。

手の中で躍動するおチ◯チンを、私はまたたきもせずに見つめていたと思います。

久しぶりの感触に体の中心がほてり、もはや自制心は少しも働きませんでした。

「あ……斎木さん」

「ンっ、ンぐぅ」

気がつくと、私は湯を止め、タイルに膝をついておチ◯チンをしゃぶっていました。

陰嚢から裏茎に舌を這わせ、カリ首をなぞり、先端をペロペロ舐めていると、鈴口からしょっぱくて苦い液が出てきました。

とたんに獣じみたにおいが鼻をかすめましたが、それすらも昂奮を促《うなが》し、内股をこすり合わせてはクリトリスに刺激を与えていました。

吉本さんのおチ○チンは元夫より一回りも大きくて、口の中に入れるときは唇の端が裂けるかと思ったほどです。

喉の奥まで招き入れると、のたうつおチ○チンが愛おしくなり、私は顔を前後に振って胴体をしごいてあげました。

「ンっ、ンっ、ンっ」

「お、おおっ、す、すごい……吸いつくようです」

「はあぁぁっ」

ペニスを口から吐き出した際、物ほしそうな顔をしていたのでしょうね。

吉本さんは「色っぽいです」とつぶやき、腋の下に手を入れて私を立たせました。

「今度は、ぼくがしてあげます」

「あ、だめ、まだちゃんと洗ってないから……や、あぁあぁっ」

とっさに後ずさりしたものの、壁にもたれる格好になり、バランスを崩した私は無意識のうちに足を広げていました。

彼はここぞとばかりにひざまずき、股間に顔を埋め、分厚い舌で敏感な箇所を舐め回してきたんです。

「だめ、だめ」

頭を押さえつけて拒否したものの、舌先はクリトリスを的確に捉《とら》え、掃《は》きなぶられるたびに甘美な刺激が身をおおい尽くしました。

「あ、愛液が……垂れてきた」

「やぁン」

顔から火が出そうなほど恥ずかしかったのですが、快感はグングン上昇し、愛液の湧出《ゆうしゅつ》は止まりませんでした。

彼ったら、派手な音を立ててすすり上げ、「おいしいっ！」なんて言うんです。

しかもクリトリスを陰唇ごと口の中に入れ、甘噛みしてくるのですから、腰が抜けそうな快楽が高波のように襲いかかりました。

「あ、だめ、だめ」

「んむっ、むっ、むふっ」

「だ……め……あ、あぁぁっ」

あっという間に頂点まで導かれ、私はあまりの気持ちよさにヒップを激しく打ち揺すりました。

口でイカされてしまうなんて、何年ぶりのことだったか。

「おっと……大丈夫ですか？」

吉本さんは膝から崩れ落ちた私を支え、口元にソフトなキスをくれました。

「もう立ってられないわ」

「ここで、しちゃいましょうか？」

彼はそう言いながらおチ○チンをしごき、ブンブンと頭を振る亀頭に私は生唾を飲み込みました。

女の芯がまたもや疼きはじめたのですが、浴室で男女の関係を結ぶのはやはり抵抗があります。私は湯の栓をひねり、逞しいおチ○チンを中心に汗を洗い落としてあげました。

「ベッドで待ってて」

「わかりました……すぐに出てきてくださいよ」

彼が浴室から出ていくと、愛液と唾液にまみれたあそこを丹念に洗い流しました。

そして部屋に戻り、私のほうから積極的に迫ったんです。

ディープキスの合間におチ○チンをなでさすり、自ら咥え込んではていねいなフェラチオで快感を与えました。

その間も自分の指であそこをいじり回し、異常なほどの昂奮に駆られました。

「な、なんてエッチなんですか」

「言わないで……ン、ンぐっ」

「お、おおっ、き、気持ちいいです……ぼくにも舐めさせてください」

私は体を逆向きにし、大股を開いて彼の顔を跨《また》ぎました。

シャワーを浴びたばかりなのに、すでに大量の愛液でぬかるんでおり、しずくがポタポタと滴《したた》り落ちました。

あのときは、恥ずかしさよりも性欲のほうが圧倒的に勝っていたんです。

自分の身に、いったい何が起こったのか。

確かに悶々としたときは一人慰《なぐさ》めていましたが、あれほど欲したことはありませんでした。

内に秘めていた欲求が一気に噴出したのでしょうが、自分ではどうにもならないほどの情動でした。

「ンっ、ンっ、ンぐっ、ンふっ」

「む、むうっ」

「あ、あぁぁ、いい、いいわぁ」

「すごいですよ、斎木さんのここ、クリトリスが大きくなっちゃって」

「だめ、さわったら……ああ、感じちゃう」

「愛液もダダ洩れですよ」

「い、ひっ！」

敏感なポイントをまたもや激しく吸われ、私は少しでも気を逸《そ》らそうと、おチ○チンをしゃぶり倒しました。

熱く脈打つペニスが宝物のように思え、もう彼から離れられないと、頭の隅でぼんやり思っていました。

「あ、だめ……またイッちゃいそう」

「いいですよ、何度でもイカせてあげますから」

「くっ、くっ、も、もう我慢できないわ」

「……あ」

私は腰を上げて体を反転させ、ペニスを握りしめながら腰を跨ぎました。そしてまるまるとした先端を、ひりつく割れ目に添えたんです。

「あれれ、もう入れちゃうんですか？」

彼の言葉は耳に届かず、凄まじい圧迫感が入り口を襲いました。

体が裂かれそうな感覚にたじろいだ直後、カリ首が膣口をぐり抜け、勢い余って膣奥までズブズブと埋め込まれました。

「あ、はあぁあぁぁっ」

なんと私はその瞬間、あっけなくエクスタシーに達してしまったんです。

「はっ、はっ、はぁぁ」

「……どうしたんですか？」

前のめりにのしかかると、吉本さんは目を丸くして問いかけました。

「……イッちゃったの」

「え、ええ？　入れただけで、イッちゃったんですか!?」

小さくうなずくと、彼はクスリと笑い、腰を小さく突き上げました。

「あ……ンっ……だめ」

「自分ばかりイッて、ずるいじゃないですか。ぼくだって、イキたいですよ」

「あなたは……じっとしてて」

身を起こしてヒップを揺すりはじめると、吉本さんは顔をくしゃっとゆがめ、唇を引き結びました。

私は腰を回転させ、小さな上下動からおチ○チンを膣の中で引き転がしてあげたんです。

「お、おおっ……すごい、チ○ポがとろけそうだ……すぐにイッちゃうかも」

「まだ我慢して」

「やっぱり、あなたはすばらしい女性だ。一目見たときから、相性が合うんじゃないかなと思ってたんです」

ほめ言葉に胸が甘くきしみ、彼に対する愛情が風船のようにふくらみました。

私は答えの代わりに腰のスライドを速め、騎乗位の体勢からヒップを打ちおろしていったんです。

「む、むむぅ、あ、ああ、すごい、すごい！」

「あなたのも……すごいわ……先っぽが、子宮をつつくの」

「こうですか？」

「あ、ひぃンっ」

ペニスをガツンと送り込まれ、脳天まで響くほどの快感に理性が吹き飛びました。

「はっ、やっ、はっ、ンふぅぅンっ」

あのときの私は、盛んに甘ったるい声を発していたのではないかと思います。お尻も無茶苦茶に振り回し、乱れた姿を臆面もなくさらしていました。

「この音、聞こえますか？」

「やぁぁっ」

結合部からずちゅんずちゅんと洩れ聞こえる音に身が焦がれ、さらに私を高みへといざないました。

「ああ、イッちゃう、イッちゃう！」

「だめですよ！　今度は、ぼくの番です」

吉本さんは目尻を吊り上げて身を起こし、私をベッドに押し倒しました。そして両足を肩に担《かつ》ぎ、猛烈な勢いでおチ○チンの出し入れを開始したんです。

「あ、ひぃぃっ！」

「む、おおっ」

彼は歯を剝き出し、こめかみの血管が膨れ上がっていました。

怒濤《どとう》のピストンが絶え間なく続き、顔を左右に打ち振って快楽にあらがいましたが、とてもこらえられず、むせび泣きながら絶頂を迎えてしまったんです。

「ああ、やぁぁ、イクっ、イッちゃう」

「はあ、ぼ、ぼくもイキそうです」

「お願い、いっしょにイッて、イッてぇっ！」

「ぬ、おおっ」

「あ、イクっ、イクっ、イクイク、イックぅぅっ！」

強烈な一撃を子宮口に見舞われた瞬間、頭の中が白い光に包まれ、全身が宙に浮き上がる感覚に酔いしれました。

「ああ、ぼくもイクっ、イキます！」

私はすぐさま失神状態に陥り、ヒップを延々とわななかせていました。

熱いしぶきを胸に受け、栗の花の香りがあたり一面にただよったことは覚えています。

「はあはあはあ、しゃぶって……しゃぶってください」

熱い気配が目と鼻の先に近づき、うっすら目を開けると、吉本さんは私の体を跨いでおチ○チンを突き出していました。

なんの迷いもなく精液にまみれた先端をおしゃぶりし、舌できれいに舐め取ってあげたんです。

「おっ、おっ……気持ちいい」

彼は感激していましたが、喜ぶ顔を見ているだけでこの世の幸せを感じました。

その後は週に一回は会い、デートを重ねて愛をはぐくんだつもりでいました。

きっと彼と結婚できる、今度こそほんとうの幸福を手に入れられる。

そう思ったのですが、甘い関係は三カ月と続きませんでした。

仕事の都合でお金に困っていると言われ、十万円貸したあとは音信不通になり、リモートカフェにも二度と姿を現すことはありませんでした。

私……やっぱり遊ばれてしまったんでしょうか？

第三章

初対面の異性との姦淫に心踊らせて

スキーで出会ったイケメンたちとの一夜　休みないピストンで絶頂へ押し上げられ

君島涼子　専業主婦・六十五歳

誰にも話せない、私の過去の過ちを聞いてください。

あの日は、けっして忘れることはできません。

昭和最後の年、一九八八年。私が三十一歳のときです。

当時の私はスキーに熱中しており、会社の一つ上の先輩とゲレンデによく滑りにいっていました。

「私をスキーに連れてって」の大ヒットで、世はスキーブーム。私と友希《ゆき》先輩はほぼ同時に婚約したのですが、私たちの婚約者はインドア派だったため、二人で遊べるのもこの年限りと、そのシーズンは何度もゲレンデに赴《おもむ》きました。

もちろんナンパな男性たちから声をかけられないよう、日中は上級者のコースで滑っていました。

定番ともいえるユーミンの曲がゲレンデに流れ、私たちは爽快な気分でスキーを楽しみ、夕食をすませてからナイターに出かけるというほどの熱の入れようでした。

あれは、シーズン五回目のゲレンデ訪問のときです。

最後ということで、最高級のホテルに泊まり、最終日はさすがにナイターを取りやめ、私たちはラウンジで祝杯を挙げました。

「お疲れさま……ごめんね、さんざんつきあわせちゃって」

「全然！　私もこんなに楽しませてもらって、先輩には感謝しないと……でも、これでしばらくは遊べなくなっちゃうんですね」

「結婚式……四カ月後だもんね。これからたいへんだわ」

「来年は、さすがに無理ですかね？」

「難しいかも……私のダーリンもあなたのダーリンもスキー嫌いだし、亭主置いて、スキーに行けないもん」

「……ですね。子どもが出来たら、もっと行けなくなるし……はあぁ」

二人同時に溜め息をついたところで背後から声をかけられ、振り返ると、イケメンの男性が二人たたずんでいました。

「君たち、二人？」

「ええ……そうです」

答えながら横目で友希先輩の様子を探ると、明らかにポーッとした顔をしていました。彼らのうちの一人が、彼女の好きな芸能人にとても似ていたんです。

優希先輩は惚れっぽいところがありましたが、身持ちが堅く、これまでナンパしてきた男はその場で断っていたんです。

そのときも、はっきり拒絶すると思ったのですが……。

「よかったら、いっしょに飲まない？」

「え、ええ……いいですよ」

「せ、先輩」

小声でたしなめたのですが、彼女は完全に乗り気で目配せしました。

「今日が最後なんだし、いいじゃない。どうせ、飲むだけなんだから……言っておくけど、私たちは完全フリー。彼氏もいないんだからね」

「そんな……」

「さあ、どうぞ！」

友希先輩はほくほく顔で立ち上がり、彼らをボックス席に促しました。

私は溜め息をつきながらも、それ以上は何も言えずに従うしかなかったんです。

「お邪魔します。俺はケンジ、こいつはキョウスケ。よろしく」

「よろしく！」

ハキハキした口調で答える彼女を恨めしげに見つめつつ、こうして見知らぬ男性二人との合コンが始まりました。

彼らはともに二十七と答えましたが、身なりがやけによく、話を聞くと、二人とも父親が社長を務めている会社で働いているとのこと。住居も都内の一等地で、先輩の顔がみるみる輝き、見た目から舞い上がっているのはわかりました。

「すごい！　お坊ちゃまなんだ。涼子《りょうこ》、うらやましいね！」

「え、う、うん」

「君らはいくつ？　仕事は何をしてるの？」

「二十九です、普通のＯＬをしてます」

先輩は三つもさばを読み、ひたすらあきれましたが、こうなった以上は私も話を合わせるしかありません。

「ふうん、俺らより二つお姉さんか。スキーは好きなんだ？」

「好きなんてものじゃなくて、もはや生活の一部です。今回のシーズンは、これで五回目なんです」

「ほわぁ、すごいな。でも俺らもスキーが好きで、今回で四回目なんだよ。こっちには、いつまでいるの？」

「それが……明日には帰らなければいけないんです」

「そうか、それは残念だね。明日、いっしょに滑りたかったのに」

ケンジくんが残念そうにつぶやくと、もう一人の男性もコクリとうなずきました。

キョウスケくんのほうも爽やか系でけっして嫌いなタイプではなかったのですが、最初のうちは婚約者に申し訳ないという気持ちでいっぱいでした。

やがてスキーの話題で話が盛り上がり、アルコールの作用も手伝ってか、罪悪感が徐々に薄れていきました。

やはり私にも、心のどこかで浮かれ気分があったのだと思います。

彼らは話術も長けていて、いつの間にか私もイケメンたちの話に引き込まれていました。

「おっ、もうこんな時間か？　どうかな？　俺たちの部屋で、少し飲まない？　いいワインがあるんだけど」

「行く、行くっ！」

このころには友希先輩はベロンベロンの状態で、私もかなり酔っていました。

「でも……もう遅いし」

「一杯だけ、ねっ？」

キョウスケくんに拝み手で懇願され、私は首を縦に振るしかありませんでした。

時間は、午後十時を回ったころだったと思います。

すぐさまラウンジをあとにし、二人の部屋に入ったとたん、友希先輩とともに口をぽかんと開けました。

カウンターバーのある広いリビングにふかふかの絨毯、革張りのソファに重厚なテーブルと、超豪華な部屋だったんです。

「な、何……この部屋」

「このホテルで、いちばんいい部屋。スイートルームだよ」

「い、一泊……いくらですか？」

「十五万ぐらいかな？」

「す、すごすぎるよ」

友希先輩の言うとおり、まさかあれほどの金持ちとは思いませんでした。

もし許されることなら、婚約を解消し、キョウスケくんとつきあいたいと本気で思ったほどです。

先輩は私以上にメロメロの状態で、王子様を見るような目でケンジくんを見つめていました。

「さ、いつまでも突っ立ってないで、ソファでくつろいでよ。おいしいワインを用意するから」

ケンジくんがワインとグラスを用意し、キョウスケくんが部屋の照明を落として、BGMにワムのCDを流しました。

ヒット曲、「ラストクリスマス」が入っているアルバムです。

豪華な部屋で二次会が始まると、友希先輩はケンジくんにべったりの状態で、まるで恋人同士のように見えました。

三十分ほどは飲んでいたでしょうか。となりに腰かけていたキョウスケくんに手を握られた直後、想定外の光景が目に飛び込んできました。

友希先輩がケンジくんの首に手を回し、キスをしていたんです。

彼女は、どうするつもりなのか。いままでなかったことなので動揺し、現実に引き戻された私は即座に席を立ち、洗面所に向かいました。

無理にでも気持ちを落ち着かせ、あれこれと考えたのですが、いい案は浮かばず、先輩を置いて部屋に戻るわけにもいきませんでした。

やはりお開きにし、先輩を連れて部屋に戻ったほうがいい。

そう考えながら洗面所を出た瞬間、キョウスケくんが待ち受けていて、顔を近づけてきたんです。

あっと思った瞬間には唇を奪われ、情熱的なキスにまともな考えが吹き飛びました。

それでも胸をなで回されると、あわてて唇をほどいて拒絶したんです。

「ダ、ダメ」

「どうして?」

「だって……今日、会ったばかりでしょ」

「そんなの関係ないよ。俺、涼子さんに一目惚れしちゃったんだから」

「もう、口がうまいのね……あンっ、ダメだったら。さ、戻りましょ」

ヒップに伸ばした手を振り払い、リビングに戻ると、先輩とケンジくんの姿がどこにもなく、大きな不安に襲われました。

「せ、先輩?」

「もう、よろしくやってるよ」

「……え?」

「こっちに来てごらん」

キョウスケくんに手を引っぱられ、奥の部屋に連れていかれると、扉が少し開いており、すき間から甘ったるい喘ぎ声が洩れ聞こえました。

「こっそりのぞいてごらん」

「……やっ」

ベッドに寝転んだ友希先輩が大股を開き、ケンジくんが女のプライベートゾーンに顔を埋めていたんです。その光景を目にしたとたん、ショックに続いて火がついたように身が熱くなりました。

「あぁン、いい、いい、もっと、もっと舐めて」

「こうかい？」

「く、ひっ」

ナンパはことごとく断ってきた先輩が、あんな淫らな姿を見せるなんて信じられませんでした。

「俺のチ○ポも、しゃぶってよ」

ケンジくんは身を起こし、先輩の口元にそり勃《た》ったペニスを差し出しました。

オーラルセックスは苦手だと言っていたのに、彼女は目をとろんとさせ、大口を開けてペニスを咥え込んだんです。

「んぐっ、ンンっ、ぷぷぅ」

唾液をたっぷりまぶし、ペニスをおいしそうに舐め回す淫らさには呆然《ぼうぜん》とするばかりでした。

「すごい、エッチだなぁ」

キョウスケくんが背後から忍び寄り、胸をもみしだかれる間も、私は室内の光景から目を離せませんでした。

「ああ、ほ、欲しい」

「入れてほしいのかい？」

「欲しい、欲しいの」

「仕方ないな、お望みをかなえてあげるよ」

ケンジくんは足の間に腰を割り入れ、パンパンの亀頭を妖しく濡れ光る女の園に押し当てました。

快感に顔をたわめる先輩の顔は、いまでもはっきり覚えています。浅黒い腰が突き出されると、彼女は彼の背中を手のひらでパチンと叩いて身をのけぞらせました。

「く、はぁぁああっ」

「はあ、すげえや……おマ○コの中、とろとろだ」

「やっ、やっ」

「え、いやなの？　それじゃ、抜いちゃおうか？」

「いやっ、抜かないで」

「ふふっ、たっぷり気持ちよくさせてあげるよ」

「ンふぅぅっ」

ケンジくんは臀部の筋肉にエクボを作り、腰のピストンを開始しました。入っているところは丸見えの状態で、筋張ったペニスが膣への出し入れを繰り返している光景はとてもいやらしくて衝撃的でした。

「あンっ、あン、あンっ！」

鼻にかかった声が耳にまとわりつき、私も次第にモヤモヤしてきました。キョウスケくんは相変わらず体をまさぐっているので、なおさらのことです。

「あ、やっ……」

「さあ、いつまでもデバガメしてないで、俺たちも楽しもうよ」

「ンぅぅっ」

しこり勃った乳首を指でこね回され、思わず腰をくねらせました。先輩の喘ぎ声に触発され、私もすっかりその気になってしまったんです。

「さ、こっちへ」

彼女が嬌声を響かせるなか、私たちはソファに戻り、ディープキスから互いの恥部をいじり合いました。

もちろん彼のあそこはビンビンの状態で、ズボンを突き破りそうなほど突っ張っていました。

「すごい、パンティがこんなに濡れてる」

「あぁ、やぁ」

「脱いじゃおうか」

「ダ、ダメぇ」

スカートをたくし上げられ、ショーツを脱がされたときはさすがに羞恥心が込み上げました。

シャワーを浴びていないのだから当然のことなのですが、それでも強硬な拒絶はできず、なすがままの状態で下半身をさらけ出してしまったんです。

「うわっ、すごいや……花びらがぱっくりめくれ上がって」

「見ちゃダメっ」

いくら部屋が薄暗かったとはいえ、初めて会った人に大切な場所を見せるなんて夢にも思っていませんでした。

恥ずかしさで身をくねらせたものの、じっと見られているだけで昂奮してしまい、すでに下半身はわなわな震えていました。

キョウスケくんはセーターとシャツを脱ぎ捨て、身を屈めてあそこに吸いついてきました。

「あ、あ、ダメ……ンうぅっ」

「ここかい？　ここが、いちばん感じるのかな？」

「あ、ふうっ」

女慣れしているとはわかっていましたが、年下とは思えない舌と指づかいで性感ポイントを的確に責め立ててくるんです。私は瞬時にして快楽の世界に連れ込まれ、もはや拒否する余裕さえ失っていました。

「あ、いい、いいっ……ダメ、ダメ、ひぃう」

くちゅくちゅと卑猥な音が響きはじめたころ、快感は緩むことなく上昇し、五分と経たずに絶頂に導かれてしまったんです。

「あ、ふうっ」

「ふふっ、思ったより感度がいいんだね」

カチャカチャとベルトをはずす音が聞こえ、続いて私も服を脱がされ、フロントホックのブラジャーをはずされました。

意識が戻ったときには二人とも全裸の状態で、いやでも覚悟を決めるしかありませんでした。

「俺のもしゃぶってよ」

彼はソファに片膝をつき、ギンギンのペニスを突き出しました。

汗まみれの性器はテラテラと輝き、すえたにおいがぷんと香ってきたのですが、私は顔をしかめて口の中に招き入れました。

そして顔を前後に打ち振り、上下の唇でペニスをしごいてあげたんです。

「くうっ、き、気持ちいい……もっと唾を垂らして、喉の奥まで咥えて」

「ンっ、ぷっ、ぷふぅ」

キョウスケくんは髪をわしづかみ、腰をスライドさせました。

息苦しさが半端なかったのですが、性的な昂奮は少しも衰えず、クリトリスはずっとひりつきっぱなしでした。

「ぷふぁ」

「さ、立って」

無理やり立たされたあと、彼がソファに腰かけて次の指示を出しました。

「腰を跨いで」

「あ、あぁン」

「そう、そのままヒップを落として」

ウエストをつかまれ、座位の体勢からペニスの先端が股間の中心に添えられると、陰唇をミリミリと押し広げました。

窮屈さを感じたのは最初のうちだけ。とば口を通過すると、硬直した逸物が膣道を突き進み、あっという間に巨大な快感に包まれてしまったんです。

「あ、ふうっ」

「おお、中はとろとろだ……チ○ポをぐいぐい締めつけてきやがる」

キョウスケくんはしょっぱなから猛烈な勢いで腰を突き上げ、体がトランポリンをしているかのように弾みました。

「あっ、あっ、やっ、やぁぁっ」

「や、じゃないだろ？　おマ○コ、こんなに濡らしといて……おっ、自分から腰、振っちゃうんだ？」

横に張り出したカリ首が気持ちのいいところに当たって、意識せずとも腰がくねっちゃうんです。

このときにはもう、婚約者の顔は遙かかなたに消し飛んでいました。

「それ！　それ！」

「あ、あ、あはぁあぁっ」

ズシンズシンと頭の芯まで響くピストンに身も心もとろけ、私は早くも軽いアクメに達しました。

「次はバックからだ」

「はあはあはあっ」

ソファにうつぶせにされ、今度は後背位からペニスを突き入れられました。

バチンバチーンと恥骨がヒップを打ち鳴らす音が響き、全身の細胞が快楽の渦に巻き込まれるような感覚でした。

「ああ、すごい、すごい……またイッちゃいそう」

「こんなもんじゃ終わらないぜ。何度でもイカせてやるからな」

淡泊な婚約者とは次元の違うエッチに、頭の中はずっと霞《かす》みがかり、口からはよだれがだらだら垂れ落ちました。

最後は正常位から突きまくられ、あまりの気持ちよさに目の前が真っ白になりそうでした。

「あっ、イクイクっ、イッちゃう」

「よし、俺もイクぞ！」

「イクっ……イックぅっ」

天国に舞い昇るような快楽に身を委《ゆだ》ね、私は絶頂への扉を開け放ちました。

イッたあと、全身の痙攣が止まらなくなるなんて初めてのことです。

「むうっ、イクっ！」

キョウスケくんはしばし腰を振ったあと、膣からペニスを引き抜き、私の体を大きく跨ぎました。そして胴体をしごき、大量の精液を吐き出したんです。

「……あ」

熱い滴りが鼻筋からひたいに跳ね飛び、生ぐさいにおいが充満しました。

当時の私には顔面シャワーの知識がなく、とてもびっくりしたのですが、抵抗する気力などあろうはずがなく、目を閉じてすべてを受け入れるしかありませんでした。

「はあふうはあっ……しゃぶって……しゃぶってきれいにして」

唇にぬるっとした感触が走り、続いて口のすき間から亀頭がすべり込みました。

言われるがまま、私は眉間にしわを刻みながら精液まみれのペニスを舌で清めていたのです。

「お、おお……き、気持ちいい」

喉の奥が粘ついたのですが、無理をして精液を飲み込んだ瞬間、奥の部屋から友希先輩の絶叫が聞こえました。

「いやぁあぁっ、イクっ、イクっ、イッちゃう！　イックぅうっ！」

「お、向こうさん、ずいぶん長くやってたんだな」

キョウスケくんは苦笑しながらペニスを口から抜き取り、私のほうは快楽の余韻にひたったまま、しばらくはボーッとしていたと思います。

彼はティッシュで顔についた精液をふき取ったあと、奥の部屋に向かい、入れ替わりに汗まみれのケンジくんが出てきたときは、さすがにギョッとしました。

「そんな顔しないで、とことん楽しもうよ。さ、しゃぶって」

彼のペニスは、いままで先輩の膣の中に入っていたんです。なんの迷いなく、口で奉仕できるはずがありません。

「い、いや」

「咥えるんだ」

「……あ」

髪をつかまれ、愛液をまとってヌラヌラと照り輝くペニスを強引に口の中に突っ込まれました。

酸味の強い味覚に不快感は覚えたのですが、奥の部屋から友希先輩の嬌声が再び聞こえてくると、またもや体の芯が疼きました。

「あ……ンぅ」

「すげえや、おマ○コ、ぐちょぐちょじゃない」

あそこをいじられると、愛液が途切れなく溢れ出し、私は自らケンジくんにしがみついていました。

結局、入れ替わり立ち替わり、深夜二時過ぎまでエッチしていたでしょうか。

その間、私は数えきれないほどのエクスタシーを迎え、失神状態から深い眠りに陥りました。

目が覚めたのは朝方で、キョウスケくんは絨毯の上に寝転び、いびきをかいていました。事の重大さに気づいた私はシャワーも浴びずに服を着ると、忍び足で奥の部屋に向かったんです。

恐るおそる中をのぞくと、友希先輩とケンジくんがベッドで寝ていました。

ケンジくんに気づかれないように彼女を起こし、私たちは逃げるように彼らの部屋を出ました。

まちがいなく、二人はナンパ目的でスキー場に来ていたんだと思います。先輩も後悔しているのか、終始難しい顔をしており、今回の一件は二人だけの秘密にしようとかたく誓い合いました。

そして私たちは、朝食もとらずに早々とホテルをあとにしたんです。

あれから三十四年、スキー場での出来事は夫にはもちろん、誰にも話していません。

友希先輩は結婚した翌年、妊娠が発覚して退社。そのあとは旦那さんの転勤で地方に引っ越してしまい、いまは連絡を取り合っていません。

イケメン二人との激しいエッチはいまだに忘れられませんが、過去の過ちは墓場まで持っていくつもりです。

乱交パーティで出会った相性抜群の女の熟したオマ〇コにペニスをとろかされて

川口義和　無職・六十七歳

昭和の重大事件というと必ずその名が挙がるのが、いわゆる「ロス疑惑」と呼ばれた保険金殺人の疑惑のことでしょう。

その容疑者として知られた男性が参加したことで当時週刊誌をにぎわせた「乱交パーティ」というものに、実は私も参加したことがあるのです。

当時、私は二十代後半で結婚三年目。どちらかといえば積極的なタイプではありません。商社に務める、ごく普通のサラリーマンでした。でも、当時の日本はこれからバブル景気の波が来るというタイミング。かなり浮かれた空気が蔓延《まんえん》していました。

何事もいけいけドンドン、会社の経費なども現在の日本では考えられないくらい使えました。サラリーマンでも「男は遊んでナンボ」という雰囲気がありました。

その空気感にあてられて、あんな集まりに参加してしまったのでしょうか。

でも私は、この淫靡な催《もよお》しには感謝しているのです。

私が参加したのは一回きりですが、その生まれて初めての乱交パーティで、運命的とも言える出会いを果たすことができたからです。

会社の取引先の男性で、Mさんという年長の男性がいました。たしか当時三十代の後半だったと記憶しています。取引先でも特に仲のよい男性の一人でした。

Mさんは結婚して十年以上たっていましたが、当時まだ「トルコ」と呼ばれていたソープランドにことあるごとに行っては、それを自慢するような人でした。

Mさんは、私にとっては悪友のような存在でした。私のことも、そういった風俗に誘ってきましたが、私は妻への罪悪感もあり断っていました。

せいぜい、行ったのは当時ブームが来ていた「ノーパン喫茶」くらいです。

下着を着けていないトップレスにミニスカの女の子が鏡張りの床の上にいて、客がそれをのぞき込むという、いま思えば他愛もない趣向でした。そんな程度でも、愛する妻に申し訳ないという気持ちで、私は冷や汗をかいていたものです。

Mさんは、そんな私のウブな反応を見て楽しんでいたフシもありました。

そのMさんが、ある日私にこう言ったのです。

「おい、一度、あの〝乱交パーティ〟に行ってみないか?」

私はドキッとしました。週刊誌ではかなり話題になっていましたが、それはファンタジーというか、別世界の話のように思っていました。こんな自分の身近で行われているとは思わなかったのです。Mさんは声をひそめて私に耳打ちしました。

「実はさ、俺はもう、一回行ってるんだ。顔が利くから、簡単に案内できるぜ」

私はゴクリと喉を鳴らしました。ふだん誘われている風俗は、別に犯罪というわけではありません。でも、これは警察に摘発されるリスクだってあるのです。

でも、その誘われた日は、とてもタイミングが悪かった……いや、よかったというべきかもしれませんが、出社前に、妻と些細なことで口論になってむしゃくしゃしていたところだったのです。

逡巡《しゅんじゅん》する私の様子を見てとったのか、Mさんは追い打ちをかけてきました。

「いいじゃないか。オマエも結婚は三年目だろ？『三年目の浮気』って言葉もあるくらいだし……」

Mさんが口にしたのは、当時のヒット曲の名前です。なんだか自分の行為を正当化されたような気持ちになって、私はMさんの誘いに乗ってみることにしたのです。

当時の会社は深夜まで残業するのもあたりまえだったので、妻にバレることなく悪事を働くのも簡単でした。私は会社に帰ることなく、Mさんに同行したのです。

高級マンションにタクシーで乗りつけ、エレベーターで高層階に行きました。ドアの入り口ではMさんと中にいる人との間で、合言葉まで交わされました。ただならぬ雰囲気に、私はすでに非日常的な空気を感じていましたが、中に入ったときの熱気と光景は想像を超えていました。いまだに忘れることができません。

玄関のドアからは、広いリビングがまる見えの構造になっていました。そこで行われているのはそれまでの人生でも、その後の人生でも見たことのないものでした。いたのは、全部で八人ほどの男女でした。バスローブを着ている人もいれば、まったくの裸になっている人も、いやらしい、エナメル質のボンデージ姿の人もいました。

それらの複数の男女が入り乱れて、ただただ快楽をむさぼっていたのです。

すでに挿入して、思いっきり腰を振っている男性もいましたし、バックで貫かれて汗だくの乳房を揺らしながら、別の男性のペニスを一心不乱に舐めている女性もいました。それを見ながら、ニコニコしながら自分のペニスをしごいている初老の男性もいました。見ると、その男性は手に銀色に光る鎖のようなものを持っていて、その鎖の先は四つん這いになった女性がはめている首輪に繋がっていたのです。

それら男女の、汗ばんだ肉体から立ち込めるにおいや熱気が、私がかけている眼鏡をうっすらと曇らせるほどでした。

カーテンがしっかりと閉じられて、室内の明かりは消してありました。そんな中でテレビがこうこうと光り、それらの男女を闇に浮かび上がらせていました。

それがまた、この場の非日常さと淫靡さを、強調していました。

テレビの中には、当時出はじめだったのではないかと思うのですが、裏ビデオが流されていました。私はまだビデオデッキを持っていなかったので、それだけでも刺激的というか、非日常的な光景だったのです。

私はすっかり圧倒され、目を丸くしてその光景を見ていました。そんな私を尻目にMさんはヨダレを垂らさんばかりの勢いで着ているものを脱いで、その男女の輪へと入り込んでいったのです。

私は気を落ち着かせようと、近くにあったソファに腰をおろしました。

隣には、乱交の間の小休止なのか、きれいな女性が座って煙草の煙を吹かしていました。そして私と目が合うと、ニッコリと微笑みかけてきたのです。

女性は白いバスローブを身にまとっていました。当時の池上季実子《いけがみきみこ》さんに似た感じの、とても色気のある女性でした。

見た感じは四十歳前後。当時の私よりはかなり年上ですが、そのフェロモンにぞくぞくさせられました。女性は私に向かって口を開きました。

「見ない顔ね？」

その言葉で、女性がこの集まりに何度も顔を出しているのだとわかりました。こんなきれいな女性が、なぜ……と思いましたが、私は放心状態でうなずきました。

「はい、あの……初めて、こういう場所にきました……」

「ふうん。あたしとしてみる？」

心臓が、早鐘のように鳴りました。

初対面の、名前も知らない、こんなきれいな女性の肌にふれるなんて、そんなことが許されるのだろうかと自問自答しました。妻の顔が脳裏をよぎりました。

しかし、ソファに座ったまま女性に体を抱き寄せられると、もう何も考えられなくなってしまったのです。

最初に印象づけられたのは、においでした。とにかく、それまでにかいだこともないようないいにおいが、その女性からはただよっていたのです。おそらく、それなりの年齢ですから、自分に合う香水というものを知り尽くしているのでしょう。

抱き寄せられるだけで、夢見心地でした。そして、ふわふわとしたバスローブ越しでも体の柔らかさがはっきりと伝わってくるのが、衝撃的でした。

はっきり言って、自分の妻は豊満なタイプではありません。

いまの言葉だと「貧乳」ということになります。でも当時の日本人は、胸が大きい人は少数派だったと思います。「貧乳」があたりまえだったのです。

でもこの女性は、かけ値なしの巨乳でした。当時のアダルトビデオでも巨乳の女性は太っている女性とイコールでしたが、この女性は肥満ではありません。

手を回した腰はくびれていて、お尻へのなだらかなカーブも見事でした。

「ちょっと……いつまでそうしているつもり？」

女性は妖しい目で私を見つめました。着衣越しの愛撫だけで鼻息を荒くしている私に、早く自分のバスローブを脱がせろと言ってきたのです。

私は緊張しながらも、女性の白いバスローブの合わせの部分を開きました。

「あ……ん……」

悩ましいため息が、女性の真っ赤な口紅から洩れました。

そして私の目の前に、大きなおっぱいがぼろんと飛び出したのです。

釣鐘型《つりがねがた》で、年齢相応に少し垂れているものの、小さな乳首は上をツンと向いていて実においしそうでした。私はほとんど無意識のうちにしゃぶりついていたのです。

「ん、あ……気持ちいい……もっと、下のほうも……！」

女性は私の頭を押さえつけて、おっぱいの下側、おへそのあたり、そして下腹部へと、私に舐めさせる場所を少しずつ移動させていったのです。

女性は思ったとおり、バスローブの下には何も身に着けていませんでした。

(うわあ……こんなに繁っている……!)

言葉にこそ出しませんでしたが、私は圧倒されました。かなり濃い恥毛がびっしりと生えていたのです。白い肌とのコントラストで実際以上に黒々と見えました。

でも、それがいやではありませんでした。むしろ卑猥さに興奮して、先ほどから痛いくらい勃起していたのが、さらに一回りふくらんでしまったほどです。

「舐めて……」

女性が見おろすのを、私は見上げてうなずきました。そして舌先を伸ばし、肉ひだを両手で左右にかき分け、太腿の間に頭を埋めていきました。

黒い繁みの奥にあったのは、四十代女性と思えないほどきれいなピンクでした。

左右のヒダはそれなりに黒ずんでいますが、それが内側の鮮やかさを引き立たせているようにさえ思えました。磯のにおいが、鼻先をツンとついてきました。

「ああ、んん、いいっ!」

「おお、気持ちいい、気持ちいいぞお!」

獣のような声がして、私は思わず顔を上げました。

見ると、Mさんが若い女性に手を床に突かせたまま両脚を持ち上げ、まるで手押し車のように歩きながらピストンをくり返していたのです。

Mさんの周りでも、無数の男女が果てるともなくくんずほぐれつの痴態をくり返しているのです。私はもう一度、目の前のピンクの女性器の目を戻しました。

(そうだ、これは乱交パーティだったんだ……ということは、さっきまでこのオマ○コにもここにいる誰かのモノが入り込んでいたのかも……)

一瞬だけためらった私の心を見透かしたように、その女性は私の首を太腿で締め上げて、否応なしに性器に顔を埋めさせたのです。

「ん、ぐふ……!」

こうなってはもう、覚悟を決めるしかありません。私は持てるテクニックのすべてを駆使して、彼女のオマ○コを舐め倒したのです。

舌を深く突き挿すと、締め返してくるような感覚がありました。

(もしかして……すごい名器なのかな?)

私は興奮させられて、激しく舌先をうごめかしました。

「はあはあ」という、ため息のような女性の声が頭の上から聞こえてきました。その声がだんだん大きくなって、ついにははっきりと喘ぎ声に変わってきたのです。

それにしても特異な状況だったのは、喘ぎ声が彼女のものだけではないということでした。部屋の中には女性の（一部、男性の）喘ぎ声が充満していたのです。

「ああ、ああ、んんっ……もっと、もっと……！」

「いい、お願い、突いて、突いて……！」

人がそばにいると思うと興奮して、なんだか演技がかってしまうのでしょうか。普通のセックスではそこまでの声は出さないだろうと思うような声まで出すのです。

そのエクスタシーの大合唱にあおられて、私も興奮してきました。女性も興奮していました。舌先を濡らしてくる蜜の量が、どんどん増えてきたのです。

「……もう……我慢できない……！」

女性はそう言って、私の顔を自分の股間から離すと、ソファから立ち上がって入れ違いに私の体をソファに押し倒したのです。そして私の下半身をあっという間に裸にして、そびえ立ったものに前ぶれもなくむしゃぶりついてきたのです。

「うあ、おう……！」

思わずくぐもった声が出てしまいました。

女性の舌づかいは、並たいていではありませんでした。時には下から舐め上げ、時にはチロチロ裏筋をじらすように刺激、時には掃除機のように根元から千切れそうなほど吸い上げてと、まさに変幻自在のテクニックでした。

「やばい……このまま、イキそうです……！」

私は思わず正直に白状してしまいました。

すると女性は、そんなことは許さないとばかりに立ち上がって、私の股間に自分のオマ○コをあてがって、一気に腰をおろしてきたのです。

「あうっ……！」

彼女と私の、どちらの口からともなくうめきが洩れました。

自分の興奮具合が、自分でも信じられないくらいでした。年上女性の熟したオマ○コに包まれたチ○ポの全体が、しびれるような快感でした。

こんな感覚は、妻を相手にも感じたことがありません。

これが名器というものか……！　週刊誌などで読んでいた「名器」というものがいったいどういうものなのか、いまいちよくわからなかった私ですが、実際に体験してみると、まるで別物だと思いました。挿入状態でほんの少し体を動かされるだけで「あっ、あっ」とこちらが情けない声を洩らすほどでした。

「すごい……こんなの……初めてかも……」

女性のほうも、赤らんだ顔にうっすら笑みを浮かべ、そうつぶやきました。もしかしたら、彼女が名器というよりも、私との相性がよかったのかもしれません。

この気持ちよさを離したくないという思いで、私は彼女の背中に手を回し、強く自分に抱き寄せました。彼女も同じようにしてきました。汗だくになって互いの肌をかきむしり、それでもお互いの腰はずっと激しく動いていました。

私のほうは彼女のフェラチオテクニックでじらされていたこともあって、いつでもイケる状態でした。でも、少しでも長く味わっていたくて、ギリギリの我慢を続けていました。女性のほうはすでに何度か達している様子でしたが、それでも腰を動かすことをやめないのです。

これは運命だ……あまりの体の相性のよさにそう思った瞬間、女性が言ったのです。

「これって、もしかして、運命……？」

うれしいことに、女性のほうも同じことを思っていたのです。

そのうれしさで、私の体の奥から射精感が爆発的に押し寄せてきました。

女性は、追い打ちをかけるように腰を前後に左右にくねらせて、膣内にぴったりと収まっているチ〇ポを、体に咥え込んだまま刺激してきたのです。

膣の内側のくねった形までわかるような、すさまじい密着感でした。

もはや限界がすぐそこまで来ていました。

「う、ん、出る……！」

「そのまま出して、このまま、中に……！」

女性も、気持ちよさのあまりそんなことを言い出しました。そして私はそのまま女性の言葉に甘えて、膣内に出してしまったのです。

結局、その日、私はその女性以外とはセックスをしませんでした。

一回目が終わるとそのまま二回戦に突入して、ずっと彼女と愛し合ったのです。乱交パーティだというのに、一人の女性としかする気がしなかったのです。

それぐらい、彼女と私の相性はぴったりすぎたのです。

そして、話はこれでは終わりませんでした。

後日、私の職場の電話に、私宛の電話がかかってきました。「斉藤《さいとう》」と名乗るその電話を引き継ぐと乱交パーティの、あの女性だったのです。「斉藤」というのはもちろん偽名でした。いつの間にか、私の名刺を盗み取っていたのです。

「ねえ、いまから、会えない？」

職場にこんな電話をかけてくる彼女の大胆さにも驚きましたが、それ以上にオーケーの返事を出してしまった自分自身に驚きました。

妻とはすでに仲直りもしたし、夫婦仲に問題はありません。

なのにどうしても、名前も知らない彼女に会いたくなってしまったのです。

やはり、運命の出会いだったのか……そんなことを思いながら、私は社用車でそのまま彼女との待ち合わせ場所に出向き、会ってからはお互いほとんど無言のまま、ホテルに入ったのです。

部屋に入るなり、彼女は濃厚なキスを私にしてきました。舌を絡ませ合ったとたん、彼女の唾液が溢れて私の口の中に入り込んできました。

しびれるほどむさぼり合った唇をようやく離すと、彼女は言いました。

「どうしても、もう一度味わってみたくて……あなたのもの……」

なんともあけすけな言葉でしたが、それ以上に赤裸々な姿を、彼女は私に見せてきたのです。彼女は私から少し離れて、自分で自分のスカートをめくり上げました。

「あっ……！」

私は思わず声をあげました。彼女のスカートの下は〝ノーパン〟だったのです。

あの、黒々とした繁みが、再び私の目の前にあったのです。

私は吸い寄せられるように、彼女の前に下僕のようにひざまずいて、繁みに顔を埋めたのです。そこはすでに、熱くなっていました。伸ばした舌先がふれた部分はすでに愛撫の必要もないくらい、蜜にまみれていたのです。

「ああ、んん……いい……！」

興奮した彼女の手が、私の頭を押さえつけてきました。そうされると、私の舌も激しくなるのです。私の意志と関係なく、激しくなってしまうのです。

「我慢できない……来て……！」

彼女はそう言うと、自らベッドの上に四つん這いになって、私のほうにお尻を向けてきたのです。黒い繁みの奥で剝き出しになったピンクが、まぶしいほどでした。

もちろん私のほうももう準備万端の状態です。痛いほどに硬くなっていました。

ズボンとパンツを脱ぎ、硬くなったものを自分の手で握りしめて、私は一気にオマ〇コの根元まで突入、押し込んだのです。

「ああ、ううんっ！」

彼女の声が、部屋に大きくこだましました。

先日の乱交パーティとは違い、彼女の喘ぎ声だけを堪能できました。

やはり、あの夜だけの錯覚ではありませんでした。彼女のオマ〇コと私のペニスの相性は、ぴったりすぎるほどぴったりだったのです。

「うっ……気持ちいい……！」

「あたしも……あたしも……！」

彼女はバックで私のピストンに貫かれながら、自分でもそれに合わせて腰を振ってきました。振り返った彼女の顔の赤いルージュが、淫乱さを際立たせています。

彼女が感じるほどに、私のペニスを締めつけてきます。締めつけられるほどに、私のペニスは一回り大きくなっていくかのようでした。

私の興奮はとどまるところを知らず、無我夢中で腰を振りつづけました……。

彼女とはその後も何度か逢いました。

いつも会社の電話に彼女のほうからかけてきて、そのつど「山田《やまだ》」だの「鈴木《すずき》」だのの偽名を名乗ったのです。

しかし結局、私は最後まで、彼女のほんとうの名前を知らないままでした……。

お見合いパブで見初められたおじさまに巧みな指戯で責められた挙句潮まで……

臼井響子　主婦・五十歳

バブルのころ、古い女友だちの亜矢子《あやこ》から、「女性は無料なんだよ、行ってみない？」と誘われて、初めて「お見合いパブ」と呼ばれるお店へ行きました。

当時の新宿駅東口、歌舞伎町界隈は、いまよりずっとあやしいムードでした。歩いているだけで身の縮む思いだったのを覚えています。

お店があったのは、古い雑居ビルの中でした。なれた様子の亜矢子に導かれて入店すると、十二畳ほどの店内は、思っていたよりも明るく、中央がガラスで仕切られていました。

ガラスのこちら側が女性客、向こう側が男性客専用のフロアになっているのです。男女別になっていることで少し安心した私は、促されるまま席につくと、彼女にならい、適当な軽食を注文しました。

「お見合いっていっても話したくなければ無視できるし、話すのだってテキトーに返してればいいんだから」

亜矢子はそう言っていましたが、そもそもガラス越しなので男女の会話はありませんでした。ただ、ずーっと値踏みされているようで落ち着きません。

そうするうちに、店員さんがメッセージカードと呼ばれる手紙を持ってきたんです。

亜矢子じゃなくて、私に……。

「えっ、何？　どういうこと？」

急なことにうろたえてしまいました。

男性客は、気に入った女性がいた場合、別料金を払って店員に手紙をたくす仕組みになっているらしいのです。

紙を開くと、そこには「個室でお話ししましょう」と書かれていました。

店の奥がその個室になっていて、やはりガラスで仕切られていました。

丸見えなので怖くはなさそうでしたが、恥ずかしいし、初めてのことでどうしていいかもわかりません……。店員さんに「ごめんなさい」と言って断わりました。

カードをくれたテクノカットの男性がキザっぽかったというのもあります。

亜矢子曰く、個室に行って話がまとまったら、「そりゃホテル直行よ」とのことで、自分がそんな対象として見られたことがほんとうにびっくりでした。

でも、すごくドキドキしましたし、ちょっぴりうれしくもありました。

店にいたのは、一時間ほどだったと思います。

その間、メッセージカードを受け取ったのは、なぜか私だけでした。

亜矢子をはじめほかの女性たちのほうがずっとキマってたのに……。


当時、私はまだ二十歳で、夜遊びなんか全然したことがない、堅いタイプの女の子でした。高校を出てすぐ、地元のスーパーで働きはじめ、ちょっとはお金を使えるようになりはじめたころ……。

ジュリアナにも出入りしている亜矢子から浮いた話を聞くにつけ、少しは気にしていましたが、自分はそういうタイプじゃないし、本気で遊びにいく気になったことは一度もありませんでした。

そんな私が、どうして「お見合いパブ」なんて、あやしげな場所に行ったのか……実は、この少し前に、つらい失恋をしてたんです。

恋人から「カタブツでつまんねぇな」と言われてしまって……。

ちょうどそんな折に誘われたので、私にもこれくらいできるんだって、心の中で見返したい気持ちがあったんだと思います。

いえ……本音を言ったら、単純にモテてみたかったのかもしれません。

なにしろ、あの一度のメッセージカードに舞い上がって、数日後に一人でお見合いパブへ行ってしまったくらいなんですから……。

ほんとうに一人で行くかどうかは、ギリギリまで迷いました。

でも勇気を振りしぼって初志貫徹したんです。

タンスに入っていた唯一のミニスカートをはいて、眉のメイクも少し濃くして、白いブラウスにえんじ色のネクタイをしての出陣でした。

いまにして思うと子どもっぽく、派手な子の多い店内では浮いてしまっていたと思います。ふだんから『東京ラブストーリー』の鈴木《すずき》保奈美《ほなみ》さん路線を目指していた私は、完全に場違い……。

でもそのときはイケてるはずと信じていました。

ガラスの向こうの男性客は五、六人。女性客は私を入れて三人で、私以外の二人はいっしょに来ているようでした。

その二人が帰るのと入れ違いに三人入ってきて、中の一人がすぐにメッセージカードを受け取りました。

私は内心であせりました。

このままじゃ勇気を出してきた意味がないじゃない……。

もう一杯ドリンクをおかわりしようと思ったとき、やっと私にもメッセージカードが届きました。

店員さんに「あの方です」と言われ、ガラス越しに見ると、送り主は五十年配らしきダンディなムードのおじさまでした。

恋愛対象として見るにはあまりにも年上です。

でも優しそうな感じだし、話すだけならと、腹をくって個室行きをオーケーしました。

一度は個室に行ってみようと心に決めていたんです。

そのおじさまは、片桐《かたぎり》さんというお医者さんで、見た目のとおりに紳士でした。

「とてもこういうところに来るお嬢さんには見えないね」

「は、はい、背伸びしてきましたから……」

ウソがつけなくて正直に白状したあと、勧められるままにウイスキーを飲みました。

そこからは無我夢中……緊張もあってどんどん口がすべってしまい、気がつくと、別れた恋人のことやコンプレックスのことを洗いざらい打ち明けていました。

そんなところも子どもだったと思います。

テーブルの下で手を握られたのは、個室に入って三十分ほどしたころでした。

「店の規定で、そろそろ出なきゃいけないんだ。君のことをもっと知りたいから、もう一軒、飲みに行かない？」

生まれて初めて味わう、大人の口説き！

カアッと顔が熱くなり、せっかくここまできたんだもん、と自分に言い聞かせて、いっしょにお見合いパブを出ました。

二軒目のバーでカクテルをいただきながら、ほんとうにこんなことしてて大丈夫かなと不安になりました。そのくせ、バーを出て階段の踊り場でディープキスをされたときには、すっかりその気になっていました。

いまにして思えば五十年配の男性が二十歳の女の子を誘惑するのなんて、赤子の手をひねるようなものなんでしょうね。親子ほど年が離れているわけですし、特に私はウブでしたから……。

ここでもう少し、私自身のことをお話ししておきたいと思います。

茨城県の片田舎で生まれ育ち、思春期を過ぎても行動範囲は地元オンリー。ときどき服を買いに常磐線《じょうばんせん》で上野まで行きましたが、片道だけで一時間くらいかかりましたから、新宿や渋谷や六本木なんて、雑誌で読んだ程度の知識しかありませんでした。バブル時代といってもＤＣブランドの服を買おうなんて思ったこともありませんでしたし、ましてボディコンを着てディスコなんて、考えもしませんでした。

そこそこ普及していた携帯電話すら持っていなくて、そのことでも恋人からネチネチ言われていました。

基本的にダサい田舎者で、別にいいと思ってたんです。

そんな私が急に大胆になったのには、実は、もう一つだけ理由があって……。

そのころ、前には感じたことのなかった、いわゆる性欲を意識しはじめていたんです。もっと早く恋人にそれを言えたらよかったと思います。でも恥ずかしくて言えなくて、エッチのときも常に受け身。声も出さないようにしていましたし、自分から求めたことも一度もありませんでした。

向こうからすれば退屈だったと思います。

ほんとうは、気持ちよさもわかるようになってきていました。

拾ったレディコミをひそかに持ち帰り、自分なりに勉強したりもしてました。オナニーをしはじめたのもこのころからで、妄想の中では結構過激なことを思い描いて興奮していて、誰か年上の人に手ほどきしてもらえたらなぁ、なんて考えたりもしていました。

お見合いパブに行けばすぐ実現するなんて思ってはいませんでしたが、もしかしたら……と期待していたのは事実でした。

ですから、片桐さんとホテルに行くことになったのは、ある意味で願ったりかなったりだったんです。

なのにどうしてこんなに緊張するんだろう……。

ラブホテルのエレベーターの中で思いました。

現実のほうが妄想よりずっと過激だったら？　とビビッてたんだと思います。

そしてその予想は、見事に当たっていたのでした。

酔いが回ってフラフラした足取りの私でしたが、意識はしっかりしていました。

その分だけドキドキがすごくて、自分が自分じゃない気がしました。片桐さんがずっと落ち着いた態度だったのが救いで、でも、だからこそふだんの私なら考えられないようなことまでしてしまったのですが……。

部屋に入ると、片桐さんは私のリュックと自分のバッグをガラステーブルの上に置いて、「ほんとうにかわいいね。天使みたいだ……」と歯の浮くようなことを言いながら、私の頭や肩、腕などを立ったままさすってきました。

されるがままになっていると、さっきよりも濃厚なディープキスをされ、首筋や、耳の裏側にも舌を這わされました。

片腕で強く抱き締められながらミニスカートの中に手を入れてこられて、パンティごしのアソコをなぞるように、スルンッ、スルンッと指を動かされました。

恥ずかしくなって、「あ、あの、シャワーを……」と言いかけたとたん、「このままの君がいいんだよ」と目をのぞき込まれ、またディープキスをされました。

このとき、自分の性欲をはっきりと感じたんです。

「んっ……んんっ」

鼻にかかった声が洩れて、子宮のあたりが熱くなりました。

パンティの中に手を入れられ、クチュクチュと音を立てられても、もう恥ずかしさより気持ちよさのほうが強く感じられるようになりました。

すると、片桐さんがスッとしゃがみ込んできて、私のパンティを足首までおろしました。そして片脚を自分の肩にかつぐなり、アソコに口をつけてきました。

私は片脚で立ったまま、さっきより大きな声をあげました。

こんなふうに愛撫されたのは初めてのことです。

父親より年上の男性が、ひざまずいてアソコを舐めてる……天使みたいだと言ってくれて、中にまで舌を入れてきてる……。

体が気持ちいいだけじゃなく、心まで愛撫されてるみたいでした。

そうするうちに、片桐さんの舌がお尻の穴のほうにまで伸びてきて、ダメッと思いましたが、やっぱり受け入れてしまいました。

片桐さんにならば何をされても恥ずかしくない気がして……。

立ち上がった片桐さんが、「おいしいよ」と微笑み、私をベッドの端に座らせました。

そして靴下を脱がせてきたあと、今度は足の指を口に含んで舐めだしました。

「えっ……!」

驚いて声をあげた私を上目づかいで見つめつつ、片桐さんが指の股の一つひとつに舌を差し込んできました。足の指は性感帯というわけではありませんが、まるで頭の中を舐められているみたい……何も考えられなくなってきます。

両足の指をすべて舐められたあと、足の裏まで舐められて、今度はネクタイを解《ほど》かれました。ブラウスのボタンをはずされながら胸元に何度もキスされ、その流れでブラジャーもはずされました。

私の胸は大きくありません。でも乳首は色も形もきれいなほうだと思います。その乳首を舐めたり吸われたりしながら、指先でクリトリスにさわられ、急にのけぞるくらい感じてしまいました。

甲高い声がいっぱい出て、腰が勝手に動いてしまいます。

アソコに指を入れられたときには、もう頭が真っ白になっていました。

そのうちにクチュクチュという音がグチュグチュになって、私は「ダメッ……出ちゃう！」と叫んでいました。

エッチのときにこんなふうになったのは初めてでした。

実はまだイッたこともなくて、この感覚がそうなのかわかりませんでしたが、グウッと全身が突っ張って、次の瞬間、オシッコを洩らしてしまったんです。

「ああっ……ご、ごめんなさい……出ちゃった……」

息を乱しながら謝ると、片桐さんが「これは潮吹きだよ。もっといっぱい出していいんだよ」と、また指を動かしてきました。

これがほんとうに気持ちよくて……私は意味不明な言葉を叫びながらブシュブシュと液体をまき散らしていました。

息が続かないほどドキドキしていて、全身の骨がなくなったみたいでした。

これが……絶頂？

呆然としているうちに片桐さんは私の着衣をすべて取り去り、自分も裸になりました。見るとオチ○チンが硬くそり返っていて、先っぽがヌルヌルに濡れていました。

「次はこんなふうにしてみようか」

片桐さんがそう言って、私の両手首を先ほど解いたネクタイでくくり合わせました。

ＳＭ！　と驚きましたが、片桐さんが相手ならこわくないと思って縛られるままになりました。

片桐さんはくくられた私の両手を頭上に上げさせ、「今度はぼくを気持ちよくしてもらおうか」と、胸を跨ぐようにして、オチ○チンを私の口元にもってきました。

私は素直に口を開けて濡れたオチ○チンをおしゃぶりしました。

フェラチオのテクニックを知らず、不安でしたが、片桐さんは「そう、カリのところをていねいに舐めて、頬をすぼめて粘膜で摩擦して……次はのどの奥までがんばって受け入れられるかな？」とていねいに指導してくれました。

さらにはタマタマの舐め方とか、尿道口を吸うこととかも教えてくれて、これも初めてだったシックスナインも経験させてくれました。

まさしく、私が求めていた「手ほどき」。まさか絶頂を味わえるなんて思っていなかったのに、テクニックまで教えてくれて……。

すでに二度か三度イッてヒクヒクしている私の体を、片桐さんはその後も休まず愛撫してくれました。背中や手の指、腋の下やうなじまで舐めてきて、文字どおり、全身くまなくという感じ……。

やっぱり経験豊富なおじさまってすごいと思いました。

そういえば、レディコミに載っていた体験談にも書いてあった気がします。ウブな女の子がおじさまのテクニックでメロメロにされて、「淫乱女」に育成されてしまうみたいな話……。

私もそうなるのかと思うとこわいような、なってみたいような、不思議な気持ちになりました。もしかしたら亜矢子はとっくにこういう経験をしてるのかなと思うと、対抗心がわいてくる気もしました。

「どうだい、気持ちいいかい？」

身を起こした片桐さんに聞かれて「はい、こんなの初めてです」と答えました。

するとと片桐さんは「それならよかった。セックスって相性があるからね」と微笑み、「いっしょにもっと気持ちよくなろう」と頭をなでてくれました。

そうして、私の両脚を大きく開かせると、じっと目を見ながら挿入してきたんです。

最初は先っぽだけを入れた片桐さんが、「もっと奥まで欲しい？」と聞いてきました。聞きながら指で乳首をつまんだり、転がしたりしてきていました。

すごく感じていた私は「は、はい……欲しいです……」とハアハア喘ぎながら答えました。

こんなふうに、エッチしながらエッチな会話をするのも初めてでした。

片桐さんは、なかなか奥まで入れてくれませんでした。私がじれて自分で腰を動かしだすと、うれしそうに笑って「そうそう」と私を泳がせました。

そうか、自分から気持ちよくなろうとしていいんだと悟った私は、縛られたままの両手を片桐さんの頭にくぐらせ、グッと引き寄せて片桐さんを自分に密着させました。

そのとたん、オチ○チンが一気に奥まで入ってきました。

「す、すごい……ああっ、ああっ、気持ちいいです！」

片桐さんのオチ○チンは別れた恋人のよりも強くそり返っていました。

アソコの中の気持ちいいところに思いきり当たってくるんです。

叫びながら、私はまたイッていました。

今日会ったばかりの人なのに……お父さんよりも年上なのに……そう思うと、自分がとんでもないことをしてる気がしました。

私は亜矢子みたいな美人じゃありませんし、グラマーでもありません。流行りの服も持っていないし、経験人数も別れた恋人だけ。カタブツだし、イッたこともありませんでした。

でも、わざわざミニスカートをはいて一人でお見合いパブに行って、ちゃんと安全そうな人とこうなってる……そのことが誇らしい気がしました。

そしてもっともっといろんな体験をしてみたいと思えてきました。

片桐さんが私の背中に手を入れてきて、私の両手の中に頭を通したまま、グイッと強く身を起こしました。すると下半身はつながったまま私の上体が持ち上がり、自然と騎乗位の格好になりました。

どうしていいかわからずにいると、片桐さんが下から腰を突き上げてきて、上下に何度も揺すられました。

アソコの中のオチ○チンがさっきとは違う場所に当たって、それがまた気持ちよくて、私は無意識に自分でも腰をはずませていました。

「じょうずだよ……もっと気持ちいいところ、探してごらん」

言われる前からそうしていました。

別れた恋人とは正常位しかしたことがなく、しかもすぐに終わってしまっていたので、まったく未知の世界……。

騎乗位でつながったまま、片桐さんが上体を起こして座位になり、次は反転した私が前に手をついて後背位、横に倒されて横臥位と、どんどん体位が変えられて、アソコの中のいろんなところを刺激されました。

もう気持ちよくて気持ちよくて、目が回ってしまいそう……。レディコミにあったみたいに「淫乱女」と化してしまう人の心理が、はっきりわかった気がしました。

そうしてどれくらいたったでしょう……気がつくと、「ぼくもそろそろイッていいかな？」と片桐さんに聞かれていました。

私は夢中で「は、はい！　イッてください！」とお願いしました。

そのときの体位は正常位でした。

片桐さんが私の両膝の裏を持って、私の腰を大きく曲げさせ、上から打ちおろすように、オチ○チンを激しく出し入れしてきました。

「アアッ、アアッ……壊れちゃいます！　も、もう……もうだめです！」

「ぼくもそろそろイクよ……最高だ……出る……出るよっ」

ドクンドクンと脈を打つ感触がしました。私は片桐さんがイッたんだと思いました。

でもそれは、私の子宮がわなないている感触でした。

「ああっ、うんっ……あぁぁっ！」

快感が波紋みたいに広がってきて、体中のあちこちがビクビクと震えました。

その瞬間、片桐さんのオチ○チンが、ようやくはっきりとはぜたんです。

ちゃんとコンドームをつけてくれていたので、最後の一滴が出きるまで、かみしめるように気持ちよさを味わうことができました。

そのおかげか、最後の最後でひときわ大きな絶頂に達した私は、ほとんど失神したようになってしまったのでした。


お見合いパブに入ったのが夕方でしたので、ラブホテルを出たあとは、ちゃんと電車で家に帰ることができました。

別れる前にお礼を言うと、片桐さんが「ぼくでよかったら、これからもいろいろ教えてあげるよ」と言ってくれました。

実は、片桐さんには奥さんも子どももいたのですが、このときの私はまったくそれが気にならず、「はい、お願いします」とすぐに答えていました。

そうしてその後もお食事をしたり、セックスをしたりするようになったんです。

この関係は一年ほど続きました。

お見合いパブで出会った男性と不倫……。もちろん、亜矢子にも誰にも内緒にしていましたが、同世代の中でもかなり進んだ子になれていたと思います。

体も開発されましたし、テクニックも磨かれました。もう誰にも「カタブツ」なんて言わせない、そういう気持ちになることができました。

あれから三十年。

いまは結婚して二人の子どももいる私ですが、主人と出会っていい形で恋愛をすることができたのも、あのころ、片桐さんにいろいろ教えてもらったからだと思っています。

そういう意味では、お見合いパブに誘ってくれた亜矢子にも感謝ですね。当時のことはいまも内緒にしていますが、友だち関係はずっと続いています。

そして何より……勇気を出して大冒険をした、私自身をちゃんとほめてあげたくて、恥ずかしながら手記を書かせてもらいました。

デリバリー先の女性に言われるがままに股間を愛撫し熱い女陰にペニスを埋めて

百瀬直樹　自営業・四十一歳

高校時代のイジメで不登校になり、そのまま就職もせずニートとして生きてきました。そんな私に転機が訪れたのは、ネットで流行りだした食事を宅配する仕事を始めたことでした。

昭和の出前とは違って、特定の飲食店の店員になるのではなく、ネットで登録して、近隣の店からの出前依頼が届くのを待つのです。待機中は自宅や街角でぼんやりしていればよく、煩《わずら》わしい人間関係などまったくありません。それでいて、その気になれば、飲食店の店員なんかよりもずっと高額の報酬を得ることができるのです。

現金を手にすることはとても気分のいいことでした。親に金を渡したときの誇らしさ、まがいなりにも社会参加しているという自負に、私はこの仕事に夢中になりました。

こういう食事の宅配を利用するのは一人暮らしの人が多く、男女比では圧倒的に女性が多いようです。結婚して家庭に入るのがあたりまえだった昭和は遠い過去になり、平成をジャンプした令和の女性は、誰も結婚なんてしないみたいです。女性の社会進出ははかどり、男女雇用機会均等法で男性と同額の収入が確保されれば、出産も育児も家事も面倒事を押しつけられる立場を拒否したくなるのも当然でしょう。

それで彼女たちが幸福かどうかは誰にもわかりません。それというのも、家庭を拒否した代償というわけでもないのでしょうが、性欲のはけ口を求める女性が多いように思うのです。そうじゃないなら、誰がついこの前までニートだったような四十男を誘うでしょうか。

半年ほど前のことになります。よく行く単身者マンションに住む女性宅に宅配して、いつものようにインターフォン越しに来訪を伝え、置き配して帰ろうとしたところ、開いたことのないドアが開いたのです。

「よかったら上がっていかない？」

来客の予定だったのが、友人の都合が悪くなって来ないことになり、いっしょに食べるつもりで頼んだ食事が余ってしまうから、食べていってくれないか、ということでした。

昭和の男が一人住まいの女性の部屋に招かれたら、押し倒すチャンスと喜ぶところでしょうが、令和の現代にそれはありえません。勢いでなんとかなった昭和とは違い、女性の望まない性行為はレイプ認定され、強制性交として厳罰に処されます。部屋に招き入れられようがラブホテルについてこようが、押し倒せばレイプなのです。

そんな面倒なことに巻き込まれるのはいやでしたが、常連客だけに、逆に、むげに断ってクレームでも入れられたら、私の評価が下がったり、契約を切られることもありえます。おとなしく従ったほうが得策でした。

都心の中規模商社に勤めるという彼女の名前はマユミさんといって、年齢は私よりもいくつか年上のようでした。淋しい独身独居女性の食事のご相伴にあずかるのは、特に楽しいことではありませんがいやなことでもありませんでした。ずっと社会参加していなかった私でしたから、母親以外の女性と会話するのは何年か振りでした。

詳しいことは聞きませんでしたが、予定していた来客というのは彼氏さんらしく、別れる寸前といった感じのようでした。

「あなたは彼女いるの？」

そう聞かれて、正直にいないと答えると、マユミさんは興味を持ったらしく、身を乗り出しました。

「アッチのほうはどうしてるの？」

性欲処理の話でした。

「まあ、ふつうに自分でしてますけど……」

あまり食事中向きの話題ではありませんが、私は仕方なくそう答えました。

「それ、ちょっとここでやって見せてくれない？」

何を言い出すのかと、耳を疑いましたが、マユミさんは本気のようでした。

「お願い。見たいの。私もするから、いっしょにしよう？」

魔が差したとでも言えばいいのか、あれよあれよという間にそういうことになっていて、私たちは向き合ってお互い自分の性器をいじっていました。ペニスを取り出して握る私と比べて、マユミさんはスカートの中に手を差し入れているだけで外からは見えませんから、不公平だと思いましたが、文句を言えるわけもありません。

「ねえ、もっと、よく見せてもらってもいい？」

マユミさんは四つん這いでにじり寄り、膝にのしかかってきました。Tシャツの襟ぐりから胸の谷間がのぞけ、髪のにおいが鼻に届きました。

「あ、大きくなったよ？」

見てわかるほどの変化があったとは思いませんでしたが、胸の谷間と髪のにおいが勃起を助長したことはまちがいありませんでした。

「ねえ、私にも手伝わせてくれる？」

マユミさんの手が伸びて、私の手を押しのけるようにして陰茎に絡みつきました。スカートに差し込んだ手はそのまま自分で性器をいじっているようでした。しばらく握ったりゆるめたりしたあと、上下に優しくピストンを始めました。スカートの中で自分の性器を刺激する動きと連動させているみたいでした。

両手が空いた私としては、スカートに手を差し入れたいと思いました。お互いの性器を愛撫したい。いや、それよりもまず彼女のアソコが見たい。そうは思っても軽々しく行動に移すわけにはいきません。

ペニスを握られながらであっても、スカートに手を差し入れてもいいということにはなりません。デートレイプという言葉もあるように、つきあっているカップルでも、夫婦間であってさえ、女性の望まない行為に及べば、即レイプ認定され強制性交罪で厳罰です。私としては、されるがままになっているしかありませんでした。

マユミさんが亀頭めがけて唾液を垂らしました。そのまま手指で亀頭から茎に至るまで塗り延ばされます。思わずため息の洩れるほどの快感が背筋を駆け上ります。

「ああ……」

うめき声をあげてしまいました。腰がビクンと跳ね、さらに勃起が増したように思います。

「気持ちいいんだね？」

からかうような言い方でした。さすがに羞恥心が込み上げます。でもそれは快感をそぐどころか、逆に快感を増すものでした。

「じゃあ、これはどう？」

亀頭が、何か温かいものに包まれました。マユミさんが口に含んだのです。がっぽりと咥え込んだまま、繰り出される舌先が亀頭のそこかしこをくすぐります。えもいわれぬ気持ちよさでした。さらにマユミさんが頭を上下させてピストンを始めました。陰茎の根元までを包み込む勢いの深いフェラチオでした。ディープスロートというのでしょうか。そんな深いフェラは初めての経験でした。マユミさんの口が特別にできているのか、それとも訓練でそんなことができるようになるのでしょうか。

亀頭の先端は喉の奥に届き、口蓋垂《のどちんこ》を押しのけてさらに奥まで吸い込まれているのが感じられました。

口腔内の粘膜が陰茎全体に密着してこすり立て、摩擦の強さを潤沢な唾液が緩和します。ペニスに流れ込む血流が亀頭をふくらませる一方で、茎の根元を唇に締め上げられて血液の流出が妨げられます。逃れることができない血流が亀頭にとどまり、海綿体の限界を超える膨張を促すのでした。そして膨張した亀頭は口腔内の粘膜との密着をさらに強くして、より大きな快楽を生むのです。

快感はどんどん増し、射精の予感に背筋が震えました。

「ああ、イキそうです。もう、出ちゃいます……」

マユミさんが、上目づかいで私を見上げました。目が微笑みに薄められ、こちらにうなずきかけました。射精を許してくれる合図のようでした。もっとも、許そうが許すまいが、もう我慢の限界でした。

亀頭がマユミさんの口の中ではじけました。驚くほどに大量の精液が発射されました。この前、射精したのがいつのことか、自分でも思い出せないほどでしたから、ずいぶん溜め込んでいたのはまちがいありません。

マユミさんは口で受け止めた精液を全部飲み下し、尿道に残る残滓《ざんし》まで、吸い上げて飲み干しました。

「いっぱい出したね。気持ちよかった？」

「はい。すごく……」

マユミさんは満足そうにうなずくと、私の目の前に立ち上がり、こちらを見おろしました。中堅商社の社員としてはきっと優秀なのでしょう。部下や後輩を何人も従えているであろう威厳というか風格のようなものが感じられました。

「気持ちよくしてもらったら、ちゃんとお返ししなきゃね」

マユミさんは、私を見おろしながらスカートをたくし上げました。へたり込んだままの私のちょうど目の高さで、すでに愛液がしみを作るパンティが露になりました。

「脱がせてもいいですか？」

私の問いかけに、マユミさんがうなずきます。これで、しっかりと同意が確認できたと考えてもいいはずでした。女性の意に反した性暴力ではなく、強制性交にもならないはずです。

私はパンティの脇に指をかけて、その小さな布地を引きおろしました。陰毛におおわれた割れ目があり、はみ出した陰唇のひだが愛液に濡れて光っていました。

「さわってもいいですか？」

「いいよ。好きにさわって。気持ちよくさせて！」

うなずきというあやふやなボディランゲージではなく、しっかりと言葉での許可が得られました。今度こそまちがいなく同意確認です。デートレイプという言い方もあり、つきあっているカップルでも、夫婦間でさえ、同意のないセックスはレイプ認定されるのが令和式ですから、念には念を入れるべきでしょう。

それでも女性が「そんなこと言ってない」とか、「そんなつもりで言ったんじゃない」と否定すればそれまでなのでしょうか。ちゃんと発言を録音するか、書面で一筆書いてもらうべきなのかもしれません。

とはいうものの、ペンもメモ帳も持参していませんし、なにより目の前の女性器の魅力にはあらがえず、私は意を決して、手を伸ばして割れ目に指を添わせました。

「はぁあああ……」

頭上でマユミさんが鼻にかかった声で喘ぎ、腰をくねらせました。私は指を奥へと進ませ、ひだの中にクリトリスを探り当てました。

「ああ、そこ。気持ちいい。ねえ、口でして……」

そう言うとマユミさんが、私の顔面に股間を押しつけてきました。発情したメスのにおいが鼻腔に充満してむせかえるほどでした。

割れ目にむしゃぶりついて、舌先を伸ばしてさっき指で確認したばかりのクリトリスに狙いを定めました。

「ああ、それ。そこ。それがイイの……」

私は前歯でクリトリスの包皮を剥いて、剥き身のクリトリスに吸いつき、舌先で刺激しました。

「ああ、イイ。じょうず。気持ちいい……！」

マユミさんの腰がうねり、股間がさらに押しつけられます。

「ねえ、指もちょうだい。中に指が欲しいの……」

私は舌を繰り出しながら、一方で指をさらに先へと進ませ、膣口にたどり着かせました。そこはたっぷりと愛液をたたえて指先を待ち構えていました。

気がつくとすでに指先は膣内にありました。私が指を挿し入れたのか、膣口が指を呑み込んだのか、どちらかわからない感じでした。

私は指で膣内を探りました。ひくひくと蠕動《ぜんどう》する膣壁が指を奥へと誘います。突き当たりの子宮口が感じられる最奥部に届くのに時間はかかりませんでした。

そこから指を引き戻して、膣入り口の手前側に、マユミさんの敏感ポイントがありました。

「ああ、そこ。そこをもっと刺激して……！」

言われるままに私は指を折り伸ばししました。かゆいところをかく要領で、膣内の肉の壁を刺激します。

「ああ、すごい。すごく気持ちいい！　あああ！」

感極まったマユミさんは私の顔面に股間を押しつけたまま、体重をかけてきました。

私はバランスを崩して背後に倒れてしまいました。後頭部を床にぶつけて、目の奥に火花が散りました。

そんなことはお構いなしのマユミさんは、そのまま顔面騎乗で私の顔に跨りました。和式便器に跨る格好です。私はそれこそ自分が便器になったような気分で、股間にむしゃぶりつきました。

どのくらいそうしていたでしょうか。クリトリスに吸いつき、指で膣内をかき回しつづけて、口周りの筋肉も指も疲れて感覚がなくなってきました。

「……これも気持ちいいけど、やっぱりイキたいから」

マユミさんはそう言うと体勢を変えました。今度は自分があおむけに床に寝ころびます。私は身を起こして、土下座するような格好で股間に顔を埋めました。

言われるままに指と舌での愛撫を再開しましたが、マユミさんが両脚を閉じる体勢なので、そこを分け入って愛撫するのはかなり苦しいことでした。

「だって、脚を開いちゃうとイケないから」

とのことでした。そんな話は聞いたこともありませんでしたが、本人が言うのだから、そういうものなのでしょう。マユミさんは、ほとんど気をつけの姿勢で床に寝そべり、私に股間愛撫を続けさせました。

「ああ、イケそう。もう、すぐ……！」

なるほど、さすがに自分の体のことはよくわかっているようで、その体勢になって絶頂まではあっという間でした。もちろんそれまで長々続いた顔面騎乗が下地になっているのでしょうが、それにしても効率的です。

「ああ、イク……！」

そう言って呼吸を止めたマユミさんの体が、棒でも呑み込んだみたいにピンと伸びました。そして、びくびくと全身で痙攣し、そのまま果てたのでした。

私としては、セックスをしているというよりは、彼女のオナニーを手伝わされているような感じでした。これが女性主導の令和的なセックスなのでしょう。

マユミさんはそのまま脱力して絶頂の余韻を楽しんでいるようでした。私は身を起こすと、脱ぎ散らかった衣服を着ようとしました。お役御免なわけですから、さっさと退散したほうがよさそうです。

ところが、マユミさんがそれを見とがめました。

「何、服着てるの？　まだ、ヤッてないじゃない」

どうやらまだ、すっかり満足したわけではなさそうでした。独身独居の四十路ＯＬのどんよくさに内心舌を巻きましたが、ヤラせてもらえるというのなら、私としても否はありません。

私たちは寝室に移動して、全裸になってベッドで抱き合いました。挿入に際しての体位は当然のように騎乗位でした。マユミさんがあおむけに寝そべらせた私の上に跨りました。

土俵入りの力士のように腰を落として膣内にペニスを迎え入れる様子は煽情的な光景でした。こんなにはしたない姿のマユミさんを、会社の同僚たちは想像もできないに違いありません。

柔らかく、そしてびっくりするくらいに熱を持った女陰の肉が、圧倒的な迫力でペニスを包み込みました。奥の奥まで深く呑み込まれたペニスは、もうそれだけで暴発してしまいそうでした。

「あああああん……！」

艶《つや》っぽい喘ぎ声とともに腰がうねります。私の下腹部に円を描くような動きでした。円を描くスピードは次第に速まり、やがて前後左右だけではなく、上下の動きが加わりました。

「ああ、ああ、気持ちいい。イイの。イイよ……！」

マユミさんは、尻文字で「の」の字を描くように尻を振り立てて、どんどん性感を高めていきました。

目の前に、たわわに実った特大の果実みたいな乳房が揺れていました。私は手を伸ばして乳房に手を添えました。やや大きめの乳首を指先でつまむと、マユミさんが敏感に反応しました。

私はたまらなくなって、半身を起こして乳首に吸いつきました。未婚でおそらくは生涯非婚の職業婦人の乳首です。過去も未来も授乳に使われることのない乳首はセックス専用で、ある意味、純粋でした。

ちゅうちゅうと音を立てて吸いつく私の後頭部を、マユミさんが腕を回して抱きとめました。その仕草がどこか母親っぽかったのは、何かの皮肉のようでもありました。

性器の結合をはずすことなく、上半身を起こしてマユミさんを膝に抱えるようにしてベッドの上にあぐらをかきました。

「ああ、これもイイ。また違うところがこすれるの！」

のけぞって快感を受け止めながら、マユミさんが私の唇にキスしました。私はちょっと驚きました。お互いの性器を口唇愛撫し合った私たちですが、まだ唇でのキスはしていませんでした。そういうものだと思っていたのです。

恥ずかしながら風俗嬢相手にしか性体験のない私でしたが、風俗嬢は習慣的伝統的に唇でのキスをしないさせない傾向があります。それは最後の純潔の砦というか、好きでもない相手に唇は許さない的な発想のようです。同じように、マユミさんのようなエリート女性は、私みたいな半分ニートの行きずりの配達員に、キスはさせないだろうと思っていたのです。

ところがそうではなかった。マユミさんは私を単に性欲解消の道具としてではなく、ちゃんと人間として見てくれていたのです。それがうれしくて、私は夢中になって唇をむさぼり、吸いつき、挿し込んだ舌で舌を絡め取って、唾液を吸い上げました。

「俺が上になってもいいですか?」

そう聞きました。マユミさんは何度もうなずいてくれました。

「好きにしていいよ。ヤリたいようにヤッてくれていいんだよ」

優しさに泣きそうになりながら、結合はそのままに、ごろんと転がって上になりました。正常位の体勢になると、ここぞとばかりに、私は腰を叩きつけてピストンしました。

下腹部が内腿に当たって、ぱんぱんと小気味のいい音をリズミカルに奏でました。

絶頂が目の前にありました。

「イキたければいつイッてもいいんだよ。中で出してもいいよ、ピル飲んでるから大丈夫なの」

ここへ来てマユミさんへの愛情がどっと胸に込み上げました。私は上からおおいかぶさるようにその唇にキスをしながら、腰のスパートをかけました。

背後から尻を蹴飛ばされるような衝撃があり、同時に私は激しく射精しました。さっきあれだけ出したばかりなのに、どこにこんなに溜まっていたのかといぶかしむくらいの量の精液を、私はマユミさんの膣内にぶちまけ、注ぎ込んだのでした。

全力疾走の脱力から覚めると、マユミさんが言いました。

「私、まだイッてないからね。また指と舌でイカせてくれる？　あと、今度はこれも使って」

そう言って手渡されたのは、小型のマッサージ機でした。太めの万年筆くらいの大きさで、乾電池を電源に振動するタイプのものです。

気をつけの姿勢でベッドにあおむけに寝そべったマユミさんの脇で、私は再び土下座の姿勢を取って性器を愛撫しました。指と舌に加えてマッサージ機も駆使した奉仕で、首尾よくマユミさんを絶頂に追いやることができたのは、言うまでもありません。

以来私は、月に一度くらいの割合でマユミさんに呼び出されては、セックスしています。セックスさせてもらう代わりにオナニーの手伝いをする、といった感じでしょうか。男性が一方的に主導権を持って女性を支配するというのではない、男女同権の令和時代らしい関係だと言えるのかもしれません。

第四章

本能の赴くまま 肉体を貪る男と女

住み込みで働く酒屋の奥さんに誘惑され豊満な乳房に夢中になってむしゃぶりつき

津々木恭太郎　無職・六十九歳

昭和四十年代半ば、私はとある下町の乾物屋を兼ねた酒屋で働いていました。

私は地方の農家の次男坊で、地元の高校卒業後はしばらく家業を手伝っていたのですが、このままでは先が見えていたこと、そしてなにより退屈な田舎生活に飽きあきしていました。そこでつてを頼って上京し、新聞の求人欄で見つけたその店で世話になることにしたのです。

給料などの待遇はほかの店と大して変わらなかったのですが、そこに決めた理由は盛り場に近いということと、自動車の免許を取らせてくれたこと、そしてなにより三食つきの住み込みだったという点です。

いまではとても考えられないことなのですが、酒屋以外にも八百屋や米屋、クリーニング店など、あの当時は住み込みの店員を雇うのはけっして珍しいことではありませんでした。

雇い主の一家は、五十近いおっとりとした主人と四十を超えたばかりのおかみさん、それに小学生の男の子と女の子の四人家族でした。主人夫婦は私たちに優しく、子どももなついてくれ、店の雰囲気にはすぐなじみました。

そのころ、従業員は私を含めて三人で、店の一階奥の八畳間で同居していました。その先輩従業員二人も、私と同じく地方からやってきた者で年齢も近く、和気藹々《わきあいあい》の毎日でした。休日ともなると、ナンパに行こうと誰かが言い出して盛り場に繰り出すのですが、成功したためしはありません。結局、三人で映画を観たりボウリングをして帰ったのを、なつかしく思い出すこともあります。

仕事そのものは、軽トラックやバイクでの酒の配達が主なものでした。これは、中味の入った清酒やビールのケースを運ぶという重労働です。時にエレベーターのないビルの上階の店まで、何往復もしなければならないこともあり、泣きたくなったりもしました。けれど、先に書いたような雰囲気の職場だったので、辞める気はまったく起こりませんでした。

けれど、私をその店に引き留めた最大の理由は、なによりもおかみさんである則子《のりこ》さんの存在だったといえるでしょう。

彼女と初めて顔を合わせたときから、素敵な人だなと思いました。則子さんは小柄ながらもバストが大きく、とても二人の子どもがいるようには見えないスタイルの持ち主でした。顔も年齢の割りに若々しく、私がそのころファンだったテレビタレントに、どことなく似ている印象を抱いたことを覚えています。また、色白でよく笑い、そのときに出来るえくぼがチャーミングでした。

もちろん雇い主の奥さんなので、そんな気配はおくびにも出しませんでした。それでも、一階にある風呂場を出て、主人一家が暮らす二階へ向かう浴衣姿の則子さんを偶然見かけたときなど、トイレに飛び込んでオナニーに没頭したことがあります。

そんな則子さんも、なぜか私のことを気に入ってくれたようでした。といっても、ほかの二人の同僚に対しても、変わらずほがらかに接していましたが。

それでも、ご飯のオカズがひと切れ多かったり、ほかの二人に内緒でよくお菓子をくれたりと、かわいがってもらいました。不思議なもので、そんな空気は同年代の同性には、敏感に伝わるものです。二人の先輩従業員からは、「えこひいきされてる」とか「恭太郎《きょうたろう》は、俺たちと違って年上にモテるタイプなんだな」などと、よく言われました。もっとも、彼らも冗談まじりにからかっているだけで、自分が則子さんに抱いてる思いまでは、さすがに気づいていなかったようです。

そんななか、私にとって衝撃的な出来事が起こったのは、店で働きはじめて三カ月ほどたった梅雨時のことでした。

仕事にも生活にもすっかり慣れて、かえって気がゆるんでしまったのか、あるいは田舎と違う気候の変化のせいなのか、私は発熱し寝込んでしまったのです。

配達のほうは先輩従業員二人でなんとかなりそうだから、ゆっくり寝ていなさい、という主人の言葉に甘えた私は、解熱剤を飲むと布団の中でうつらうつらとしていました。つけっぱなしのテレビからは、日本に返還された沖縄の特集が流れていたのを覚えています。薬の影響か、それがどこか遠い世界の国の話に思えているうちに、私は眠りに落ちていたのです。

けれど、頭に置かれた冷たい感覚で、私は目を覚ましました。

「!?」

薄目を開けると、視界にブラウスの胸元が飛び込んできました。開襟シャツに似たデザインの胸元からは、淡いベージュのブラジャーの紐、そしてたっぷりと豊かで柔らかそうなバストの谷間がのぞいています。

その光景で、それまでぼんやりしていた頭に血が回りはじめました。それで、横座りした則子さんが私の頭の濡れた手ぬぐいを替え、おおい被さるようにして布団を直してくれていたのだとわかったのです。

そんなことよりも私にとっての大問題は、則子さんの体温まで伝わってくる気がするほどの、あまりにも近い距離でした。使っている化粧品なのか彼女のもともとの体臭なのか、甘いにおいが鼻をくすぐります。目の前の光景とあわせて、頭に血が回るどころか体じゅうの血が沸騰するよう気分でした。

特に困ったのは、熱があるというのに私のペニスが反応し、いきり立ってしまったことです。恥ずかしさもありますが、こんなことを間近にいる則子さん知られたら、嫌われるに決まっています。それで私は、このまま目を閉じて狸寝入りしてごまかそうと決めました。

けれども、布団を直したあともなぜか則子さんは立ち去る気配がありません。テレビでも観ているのかな、と思ったそのときです。いきなり私の唇に柔らかいものが圧し当てられ、さらに歯を押し広げて軟体動物のようなものが侵入しました。

それがディープキスというものだと、男性雑誌の知識で知ってはいましたが、もちろん初めての体験です。しかもその相手が、あこがれていた則子さんだということが信じられず、私は熱と薬で夢を見ているのだと思ったほどでした。

その間も則子さんの舌が動き、私の舌にからんできます。

「うっ!?」

恥ずかしい話ですが、実はこのとき、何が起こったかわからない混乱と激しいディープキスの快感で、私はパンツの中に射精してしまったのでした。田舎から出てきたばかりの十八歳の私にとって、それほど刺激的な体験だったのです。

さすがに私は狸寝入りを続けられず、開けた目を白黒させました。

「あら、起こしちゃった?」

やっと唇を離した則子さんは、ふだんと変わらない笑顔でえくぼを作ります。

「あ、はい」

私は射精がバレなかったかそれだけで頭がいっぱいで、言葉にならないまま、ただドギマギとするばかりでした。

「明日になってもまだ熱が下がらないようなら、お医者さんに来てもらいましょうね」

まるで何事もなかったかのように、そう言い残した則子さんが部屋から立ち去ったとき、テレビからはまだ沖縄の話題が流れていました。それで、やっと現実に引き戻された私は、汚してしまったパンツをどうしようかと、弱ってしまったことを覚えています。

ともかく、その日から私は則子さんを真っすぐ見ることができず、受け答えも短いものとなりました。照れくささと雇い主や子どもに気づかれてはならないという気持ちが混ざった、複雑な感情によるものです。そしてなにより、則子さんの意図がまるでわからず、彼女の前でどんな態度を見せればよいのかわからなかったのです。

則子さんはこれまでどおりにふるまっていましたが、偶然、視線が合ったときなど意味ありげな微笑を浮かべて目配せをしている気がしました。しかし、そのころはまだ純情だった私は、自分が意識しすぎて勘違いしているのだと、あえて無視をしていたのです。

同室の先輩二人は、私の変化を五月病による一時的なものだろうと考えていたらしく、特に気にしていなかったのが救いでした。

やがて夏を迎え、お盆も近づいたある日のことです。

いつものように配達に出かけるため、軽トラックに生ビールのアルミ樽を詰んでいたところに、則子さんから声をかけられました。

「ねえ、恭太郎クンはお盆休みは帰省するんだったわよね」

「はい、そのつもりですけど」

この店では四日間のお盆休みがあり、従業員は好きに過ごしてよいと言われていましたが、先輩は二人とも帰省すると聞いていました。そこで、一人でいてもつまらないので、私も久しぶりに田舎で過ごすことにしたのです。

それを則子さんに伝えたところ、妙なことを言われました。

「ちょっと相談なんだけど、田舎に帰るのを一日遅らせることはできないかしら？」

「そのくらい、別に構いませんけど」

特に予定があっての帰省ではありません。お盆休み中に、どうしても断れない注文が入ったのかなと思った私は、素直に応じました。

「でも、このことは絶対に誰にも言っちゃダメよ。あくまでも、四日間田舎にいることにしておいてね」

「え？　それはどういうことですか？」

意味がわからず聞き返した私に、則子さんはえくぼを見せて微笑すると、何も答えずその場から立ち去りました。

彼女の告げた言葉の意味を理解したのは、その夜、居間で夕食をとっていた主人一家の会話を、たまたま廊下で聞いてしまったときでした。子どもたちが、遊園地に行くのが楽しみだとはしゃぎ、どうやらそれはお盆休みの初日のことだと思われました。

さらに、則子さんが「私が留守番してるから、お父さんと思いきり楽しんできてね」と笑いながら言っていたのです。つまり、その日はこの家に、私と則子さんの二人きりということになります。

私は、心の中で「まさか」と思いながら、ドキドキしながら数日を送り、お盆休みの初日を迎えたのでした。


当日は、主人や子どもを送り出す則子さんの声で目が覚めました。同室の二人は、昨夜のうちに帰省してしまい、自分一人です。かといってどうすればよいのかボンヤリしていると、襖《ふすま》の向こうから「早く朝ご飯を食べちゃいなさい」と、則子さんから声をかけられました。ここまでは、いつもの朝と変わりません。用意された朝食を一人食べながら、自分の思い過ごしだったのかな、と期待はずれの気分でいた私は、次の瞬間ハッとしました。廊下の奥にある風呂場から、水音が聞こえたのです。

やがて、浴衣姿の則子さんがお茶の間に現れて言いました。

「今日も暑くなりそうだから、朝から行水しちゃったわ」

則子さんは浴衣の胸元を開けて、私の隣に座りました。いやでも彼女の白く豊かなバストが目に入り、寝込んでいたときの記憶がよみがえります。しかし、あのときと違うのが、則子さんは明らかにブラジャーをつけていないことでした。

思わず視線をはずした私は、そのとき、彼女がビールの瓶とグラスをちゃぶ台に置いたことに気づきました。

「あの、それ」

「恭太郎クンも飲みなさいよ。今日はお店もお休みだし、たまには羽目をはずしてもいいじゃない。まだ未成年だけど、田舎じゃ飲んでたんでしょ？」

「はい、たまに親戚が集まったときなんかに」

則子さんは、勝手に私の分のグラスへビールを注ぎます。意外に思うかもしれませんが、私はむしろホッとしました。正直に言ってこんなとき、どうすればいいかわからなかったのです。だったら、酔っ払ってしまったほうが気が楽になりそうでしたから。

やがて、お酒の力でリラックスした私が気がつくと、則子さんに横からピッタリと体を密着されていました。浴衣の生地越しに伝わる彼女の体温や柔らかさに、私の胸の鼓動は高まり体が震えているのがわかります。

「ねえ、この間の続きしようか？」

私の手をそっと握った則子さんは、さらりとした口調で言いました。

彼女に促されるまま私は立ち上がり、手を引かれて階段をのぼった先は、夫婦の寝室でした。襖を開くとカーテンが引かれ、薄暗い部屋の真ん中には、布団がひと組敷かれていました。

背中を向けた則子さんは、浴衣をはらりと足もとに落とします。思ったとおり、彼女は下着をつけていませんでした。薄暗闇の中で、則子さんの白い背中と大きなヒップがぼぉっと浮き上がった光景は、いまでも忘れることができません。

ここに至っても、どうすればよいのかわからないでいた私に、則子さんは鼻にかかった声で言いました。

「あなたも、早く服を脱いで」

「は、はい」

あわてて言うとおりにした私に、則子さんはさらに命じます。

「そのままこっちを向いて。アソコを見たいから、手で隠しちゃダメよ」

恥ずかしさはありましたが、目をつむって隠していた股間から両手を離すと、私のペニスは天を向く勢いで立ち上がり下半身を打ちました。

立ちつくしたままの私に膝でにじり寄った則子さんは、しばらく私のものを指でもてあそび、観察しているようでした。その刺激で、ペニスは痛いほどに硬さを増していきます。

「若いから、やっぱり硬いわねぇ。思ったより大きいし、なかなか立派じゃない」

「あ、あの、則子さん、そんなことされると」

「そのようね」

喉の奥で笑うと、則子さんは私のものをパクリと咥えたのです。

「うっ！」

快感が体じゅうを走りました。けれど、もちろんそれだけではすみません。則子さんは、あのときのディープキスと同じように、舌を使ってペニスを口の中で舐め回し、絡みつかせます。そのまま吸い込まれるかと思われたとき、背筋を快感が走り抜けました。

「則子さん、もうダメです！」

思わず叫んでしまった私は、あわてて腰を引きましたが、彼女の吸引力はそれを許しません。歯を食いしばって耐えたのですが、ついに私は彼女の口内へしたたかに発射してしまったのでした。

しばらくペニスを咥えていた則子さんは、やっと口を離してティッシュに私の放出したものを吐き出すと、上目づかいでえくぼを作りました。

「気持ちよかった？」

「ええ、でも、すみませんでした」

「いいのよ、私のほうが口の中に出してほしかったのだから。それより、次は恭太郎クンが私を好きにする番だわ」

もう、則子さんが雇い主の妻であり世話を焼いてくれる母親、時に姉代わりだという意識がなくなっていました。彼女を抱き締め、押し倒すようにして布団に横たえると、以前から私の視線をひきつけていたバストに顔を埋めます。特に、子どもを二人産んでいるというのに、まだ薄ピンク色を保っている乳首に吸いつき、夢中になってしゃぶりつづけたのです。

その間、則子さんは私の背中をさすりながら、ときどき、うめき声を洩らしましたが、ふと耳元でささやきました。

「ねえ、そろそろ私のアソコにさわって」

「は、はい」

私は彼女の股間に向けて、そろそろと指を伸ばしました。

最初にじっとりと湿り気を帯《お》びた柔らかな茂みの、さらに奥へと指先を下げていくと、これまで想像していたよりもずっと熱い粘液の感触がありました。

やがて、その先でぬめる柔らかな肉を指先に感じたとき、則子さんは再びささやきました。

「指を入れて、優しくね」

「わ、わかりました」

とまどいながらも、私は中指を移動させます。すぐに、指先がぬるりと則子さんの中に吸い込まれました。

「そのまま指を動かして」

「こうですか？」

教えられるまま指を出し入れすると、則子さんは体をのけぞらせていちだんと大きな喘ぎ声をあげたのです。

「あーっ、そうよ！　それ、感じるぅ！」

彼女の中が急に狭まったり広がったりする様子が、指に伝わりました。私は興奮し、その部分にペニスを早く入れたくなり、我慢できませんでした。

「則子さん、入れてもいいですか？」

「ちょっと待って、私もいますぐ欲しいから、手間取りたくないの」

則子さんはそう言うと、私を抱き締め苦労して半身を起こし、体重を預けて上になりました。その格好で私のペニスを握った則子さんは、先端をあの部分にあてがい、一気に腰を落としたのです。

「ああ、則子さん！」

ペニスを彼女の濡れた内部が包み込みました。そして、指が感じたのと同じように、締めつけてはゆるむという動きを繰り返して刺激してきます。

それだけではありません、則子さんは髪を振り乱し、柔らかなバストを上下させて踊るように腰を振りつづけました。

「あー、いい！　恭太郎クンの、気持ちいい！」

やがて、則子さんの内部が私のペニスを絞り上げ、彼女は背中を丸めて私の上で突っ伏して、ビクンビクンと体を痙攣させました。

「則子さんっ！」

あまりの快感に、私はもう何も考えられません。体の奥からすべてを吸い上げられる感覚で、則子さんの中に精液を注ぎ込んだのでした。

しばらくの間、彼女を上に乗せてつながったまま、汗みどろになった私たちは荒い呼吸をととのえます。

やっと人心地ついた私ですが、いまの快感がまるで体じゅうに響き、その余韻が残っているようでした。そしてそれは、則子さんも同じだったようです。

「ねえ、恭太郎クンは若いんだから、まだまだ満足しきってないよね？　今度はあなたが上になって。みんなが帰ってくるまで、まだ時間はたっぷりあるわ」

かすれ声で言った則子さんは、のろのろと体を起こしました。

その日は主人親子が帰宅する直前まで、則子さんのリードで何度も発射してしまいました。自分にとって初めての女性体験だったことを割り引いても、あんなに気持ちよかったセックスはありません。

結局、その酒屋にはその後三年ほど勤め故郷に帰りましたが、ときおり、則子さんの誘惑を受け、皆の目を盗んで何度も禁断の関係を結びました。そんなときに、彼女から聞かされた話では、結局は結ばれなかった初恋の男性に私が似ていて、あのような行為に及んだのだそうです。

五年ほど前、東京に用事があって上京し偶然近場を通ったのですが、店はなくなっており、さびしい思いに駆られました。同時に、則子さんのことが鮮明に思い出されて、筆をとった次第です。

初めてのテレクラで出会えた人妻と……熟れた肉体で優しく童貞を奪ってもらい

長田勝也　会社員・五十一歳

いまからおよそ三十年前の話です。

私が大学生だったころ、世間ではテレクラが大流行していました。

雑誌の広告や街で配られるティッシュなど、至るところでテレクラの文字を見ることができました。街角にある電話ボックスの中まで、テレクラのチラシで溢れ返っていたほどです。

私が通っていた大学でも、女の子たちがテレクラを利用したという会話を平気でしていました。それほどテレクラは若い女の子にも広まっていたので、社会問題になっていたのです。

その一方で私は、二十歳になっても彼女が出来ずに悩んでいました。

口下手なうえに内気な性格なので、女の子を前にしてもうまくしゃべれないのです。

もちろん女の子の手も握ったことがない童貞でした。

そこで思いついたのが、テレクラを利用してみることでした。

女の子が目の前にいなければ、緊張せずにうまく会話できるかもしれない。そればかりか運がよければ、かわいい女の子と知り合ってセックスまで持ち込めるかもしれないと、そんな期待を抱いていました。

さっそく私は勇気を出して、繁華街にあるテレクラの店に足を運びました。

入り口で料金を払い、案内されたのは狭い個室です。そこには電話とティッシュの箱しかなく、あとはひたすら電話がかかってくるのを待つだけです。

私はワクワクしながら電話を待っていましたが、かかってきてもあっという間に誰かに取られてしまいます。ようやく取ることができたと思ったらイタズラ電話でした。

期待していただけに、まったくうまくいかずにガッカリしました。

もう帰ろうかとあきらめかけていたところ、再び電話がかかってきました。

「あの、もしもし」

あわてて電話を取ると、相手の女性はすぐに「あなた、いくつ？」と聞いてきました。

「えっ、あの、二十歳ですけど」

「やっぱり。声がずいぶん若いと思ったのよ。大学生？　高校生じゃないでしょうね」

女性としゃべることに慣れていない私は、オドオドと質問に答えるばかりでした。

しかし運がいいことに、今回はイタズラ電話ではありませんでした。

相手は四十代の専業主婦らしく、美和《みわ》さんという名前でテレクラの常連だそうです。旦那さんが仕事に出ている間に自宅から電話をしているということでした。

しばらく話し相手をしていましたが、私は早くセックスに誘いたくてウズウズしていました。しかしなかなかそこまで持ち込めず、終了時間も迫ってきています。

すると美和さんにも、私のあせっている様子が伝わったのでしょう。

「あなた、セックスのことばっかり考えてるんでしょう？」

「えっ、あっ、はい」

図星をつかれて思わずそう言うと、電話の向こうでクスクスと笑っていました。

「私って四十歳を過ぎたオバサンだけどいいの？　あなたのお母さんより年上かもしれないのよ」

「あっ、はい。もちろんです。かまいません」

「じゃあ、会ってあげる。これからそっちの店の近くの○○って喫茶店に来れる？」

私は飛び上がらんばかりに喜びました。待ち合わせをすませるとすぐさま喫茶店に向かい、期待に胸をふくらませて待ちつづけました。

そして一時間ほど過ぎたころ、ようやく一人の女性が店に現れました。

「ごめんなさいね。お化粧して着がえるまでに時間がかかっちゃったの」

すぐに私を見つけて話しかけてきたのは、想像よりも若々しく、そして肉感的な色っぽいタイプの女性です。

実を言うと、もっとたるんだ体で老けた顔のオバサンを想像していました。ところがきれいに化粧をした顔はなかなか美人だし、こんな人がテレクラで相手を探しているのかと意外でした。

お互いに簡単に自己紹介し、年齢を聞いてさらに驚きました。

なんとほんとうに私の母親よりも年上の四十六歳だというのです。顔立ちも体つきも、とてもそうは見えません。

「じゃあ、そろそろホテルに行きましょうか。あんまり時間もないから」

話もそこそこに、美和さんのほうからホテルへ誘ってきました。

二人で店を出ると、美和さんの案内で近場にあるラブホテルへ歩きはじめました。

並んで歩いている最中も、興奮と緊張で胸が高鳴りっぱなしです。いよいよ童貞を捨てられると思うだけで、ズボンの中ではペニスが勃起していました。

ホテルに到着し、部屋に入るとさっそく美和さんが服を脱ぎはじめました。

「シャワーとか面倒だから、すぐ始めましょう。あなたも脱いで」

出会ってまだ三十分もたっていません。それなのにもうこんな展開になるなんて、気持ちの整理が追いつきませんでした。

私が服を脱ぐのをもたついていると、美和さんはじっとこちらを見つめながら、こう聞いてきました。

「もしかしてキミ、童貞？」

「あ……はいっ」

すると美和さんは、おかしそうに笑っています。

「よく見たら、子どもみたいな顔だものね。じゃあ私が初めての相手になるんだ」

どうやら私のような若い男とは、あまり経験がないようでした。まして童貞が相手なんて初めてだったようです。

だからといって醒めた態度になるわけでもなく、むしろ楽しそうにしていました。

「ほんとうは私、もっとベテランのおじさんと会いたかったの。そっちのほうがセックスもうまいでしょ。でもキミみたいなウブそうな子とするのも、たまにはいいかな」

そう話している間に下着姿になり、そのまま下着も脱ぎ捨ててしまいました。

全裸になった美和さんは、体を隠そうともせずに目の前に立っています。

私はその姿に思わず見とれ、生唾を呑み込んでいました。もちろん母親以外の女性の裸を生で見たのも生まれて初めてです。

「ごめんなさいね、こんな体で。ちょっとお肉がついちゃってるけど」

「いえ、そんなことありません」

確かによく見れば、お腹回りにぽっちゃりと肉がついています。大きな胸もブラジャーをはずすとやや形が崩れていました。

それでも美和さんの熟れきった体つきは、細身のととのったスタイルの女性よりもずっと色気を感じました。

美和さんは私の反応に気をよくしたのか、私が服を脱ぐのを待ってから手を取ってベッドまで導いてくれました。

「じゃあいまから、たっぷり気持ちいいこと教えてあげる。こっちに来て」

先にベッドに横になった美和さんは、私の体をギュッと抱き締めてくれたのです。

たったそれだけで胸のドキドキが止まりません。押し当てられる胸のやわらかな感触と、ふんわりとただよってくる甘い香りがとても心地いいのです。

「こういうことをされるのも初めて？」

「はい……」

そう返事をすると、おもむろにキスをされました。

しばらくの間、私の唇の中には美和さんの舌が入り込んでいました。ねっとりと時間をかけてキスをされ、夢のような気分でした。

「かわいい。こんなに興奮しちゃって」

すでに私のペニスはガチガチに勃起しています。美和さんの手は、優しくそこを包んでいじりはじめました。

自分の手とはまったく違う動きですが、気持ちよさは比べものになりません。

「ふふっ、もうイッちゃいそうな顔してる」

美和さんは笑顔を浮かべながら、ペニスのマッサージを続けています。

私もじっとしていることができなくなり、目の前にある胸をさわりはじめました。

抱き締められたときよりも、手のひらのほうがはるかにやわらかさを感じました。たっぷりとボリュームがあり、手の内側から溢れそうです。

私はそのさわり心地に夢中になりながら、両手でもみつづけました。

美和さんはそんな私を、子どもをあやすような目で見つめています。

「さわるだけじゃなくて、吸ってもいいのよ」

まるで私がそうしたいのを見抜いているような言葉でした。

すぐさま私は胸に顔を近づけ、茶色く染まった大きめの乳首を口に含みました。ツンととがった乳首は、胸の肉よりも硬くコリコリとしています。そこを舌で転がしていると、美和さんがくすぐったそうにしていました。

さらにしばらくすると、次第にウットリした顔を見せるようになったのです。

「ああ……気持ちいいっ」

すぐそばから届いてくる色っぽい声に、耳がゾクゾクしました。

単純な私は、こうすれば気持ちいいのだろうと思い、力を込めて乳首を吸いつづけました。

「あんまり強く吸っちゃダメよ。もっといたわるように優しくね」

先生に教わる生徒のように、私は美和さんの言葉に耳を傾けました。少しずつ愛撫にも慣れてくるのが、自分でもわかりました。

その一方で、私は必死になって我慢を続けていました。ずっともてあそばれたままのペニスが、爆発しそうになっていたのです。

イキそうだとは恥ずかしくて言えず、胸を愛撫しながら耐えてきましたが、それも限界です。

「あっ！　もう……」

そう言ったときには、美和さんの手の中で精子が溢れ出ていました。

「あら、あらあら。ほんとうにイッちゃったの？」

「はい……」

情けない声で返事をしましたが、射精を止めることはできません。みっともない気持ちと快感がごちゃ混ぜになり、私は美和さんから顔をそむけていました。

ようやく射精が収まると、美和さんはうつむく私をこう慰めてくれました。

「いいのよ恥ずかしがらなくても。初めてのときは誰でも失敗を経験するの。これぐらい私はなんとも思ってないから、気にしないで」

べっとりと精子で手を汚してしまったのに、少しも責めることはありませんでした。

さらに私を元気づけるためでしょうか、美和さんは「いいことをしてあげる」と言い、おもむろに私の股間に顔を近づけてきたのです。

私のペニスは射精をしたばかりで濡れたままです。そこへ美和さんの唇が、チュッとキスをしました。

「うっ……！」

私は驚いて、思わず声を出してしまいました。

軽く唇が亀頭にふれただけなのに、なえていたペニスが再びムクムクとふくらんできました。

さらに美和さんは口を開いて、ゆっくりと亀頭を呑み込んでいきます。

ヌルヌルした唾液と、ザラついた舌の感触。それらが同時に襲ってきました。

「ああ……」

今度は快感のうめき声を洩らしてしまいました。腰の奥から全身にとろけそうな刺激が広がったのです。

初めて体験するフェラチオは、頭の中が真っ白になりそうな気分でした。

美和さんにとっては、ペニスを口に含むことぐらいなんでもないのでしょう。たとえそれが童貞の洗っていないペニスだとしても、まったく平気な顔でしゃぶりついています。

色っぽくすぼめた唇の奥では、活発に舌が動きつづけています。そして深く沈めた顔を、クイクイと上下に揺らしていました。

私はベッドに大の字になったまま、夢心地にひたって天井を見上げていました。

そうしている間も、快感がひっきりなしに押し寄せてきます。一度射精をしていなければ、まちがいなく我慢できなかったはずです。

もしこのまま咥えつづけられていたら、また出してしまうかも……そんな心配が頭をよぎったときでした。

こちらをチラッと見た美和さんが、股間から唇を引き上げました。

「またイキそうになっていたでしょう？　口の中でピクピクするからわかるのよ」

口に出さなくても、私の限界が近いことは伝わっていたようです。

ずっと咥えられていたペニスは、大量の唾液にまみれていました。ペニスを伝ってシーツにまで濡れ広がっています。

今度は美和さんが横になっていた私の両腕を引っぱり、自分の体の上におおいかぶせました。

「あなたがいまから入れるところ、ちゃんと知っておいたほうがいいでしょう。よく見ておきなさい」

生徒を指導する先生のような口ぶりで、美和さんは足を開いてくれました。

その瞬間に私は息を呑みました。

広がった太腿のつけ根には、濃い陰毛が生えています。その奥には薄いピンク色をした亀裂が、口を開いていました。

女性のあそこがこんなにもなまなましく、淫らなものだとは知りませんでした。お世辞にもきれいな形には見えないのに、ものすごく興奮します。

私は吸い寄せられるように顔を近づけ、指をあそこの内側に這わせました。

「ああ……」

小さな豆粒をさわっていると、美和さんが小さく声を洩らしました。

女性に対する知識も経験もない私は、好奇心でいろんな場所をいじったりこすったりするだけです。

しかしそれだけでも、美和さんは快感を味わっているようです。次第に息が荒くなり、ベッドの上で腰がくねりはじめました。

さらに私は、ぽっかりと開いた小さな穴にも指を入れてみました。

中はとても熱く、ねっとりと湿っています。指にまとわりつくような感触でした。

「とってもヌルヌルしてるでしょう。いまからその穴にオチ〇チンを入れるのよ」

美和さんの言葉で、私も欲情を抑えられなくなりました。ことつながったらどれだけ気持ちいいのか想像もつきません。

居ても立ってもいられなくなった私は、急いで指を引き抜いて腰を近づけました。

「い……入れてみてもいいですか？」

震える声で尋ねる私に、美和さんは「その前にこれをつけて」とコンドームの袋を手渡してきました。

しかし童貞の私は、そんなものを見るのもさわるのも初めてです。中身を取り出しても、どうやってつければいいのかわからないのです。

「しょうがないわねぇ」

美和さんは苦笑いをしながら、代わりにコンドームを装着してくれました。

いよいよ念願のセックスをできると思うと、武者震いをしそうでした。

上から体を重ねてペニスをあそこに押しつけると、気持ちを落ち着かせるためにいったん深呼吸をしました。

それから一気に穴の奥へ突き刺します。

ぬるりとすべるように根元まで入ってしまいました。その瞬間に私は動きを止め、快感の渦の中にいました。

「ふふっ、ちゃんとできたじゃない。もうこれで立派な大人よ」

下になっている美和さんは、余裕たっぷりの顔で私に声をかけてくれました。

しかし私はそれどころではありません。想像していた気持ちよさの数倍の刺激に包まれていたからです。

ひとまず挿入をしたまま快感の波が通り過ぎるのを待ち、ゆっくりと腰を動かしはじめました。

一回の抜き差しごとに、ぬるり、ぬるりと襞がまとわりついてきます。締めつけ具合もぬかるんだ感触も、私には未知の体験でした。

「そう。あせらなくてもいいから、もっと奥まで腰を動かして……だいぶできるようになってきたじゃない」

慣れてきて腰づかいがスムーズになってくると、美和さんもほめてくれました。

もっとも、いつ爆発してもおかしくはない状況です。それを我慢できたのは、できるだけ長く楽しみたいのと、美和さんにも少しでも悦んでほしかったからです。

その思いが通じたのか、私の腰づかいで美和さんが喘ぐようになってきました。

「ああ……なんだか私まで、我慢できなくなってきちゃった」

美和さんの顔から、さっきまでの余裕たっぷりの表情が消えました。代わりに色っぽい喘ぎ声がひときわ大きくなったのです。

「あっ、あんっ！　いいっ、ああ……」

自分よりもずっと大人の女性が、我を忘れて感じている姿を眺めるのは最高の気分でした。

まだ私は童貞を失ったばかりです。それなのに一人前の男になったような、早くもそんな気持ちになっていたのです。

しかも抱いている体は、やわらかくたっぷり脂肪がついています。抱き心地はもちろん、受け止めてくれる包容力も感じました。

とうとう私は限界に達し、そのことを美和さんに伝えました。

「ああっ、イッてもいいですか」

すると美和さんは、下からギュッと私の体を抱き締め、耳元でささやいてくれました。

「よくがんばったわね。いいのよ、イッても」

私はその言葉を耳にした瞬間に爆発していました。

射精が終わるまで、美和さんは私の体をしっかりと受け止めてくれました。

しばらくして快感が引いてしまうと、私はえもいわれぬ満足感にひたりました。ついさっきまでの童貞だった自分とは、生まれ変わったかのようです。

「あなたに気持ちいいことを教えてあげるつもりだったのに、途中から私まで気持ちよくなってきちゃった」

さっきまで淫らに喘いでいたのに、美和さんはすっかり優しい顔に戻っています。

二度も射精して疲れ切った私の隣で、添い寝をしながら髪の毛を撫でたり胸に抱き締めたり、まるで親子のスキンシップのようでした。

「実はうちの息子もあなたと同い年なのよ。抱かれているとき、ちょっとだけ息子とセックスしている気になっちゃった」

いやらしい笑みを浮かべて彼女はそう言いました。

そうしているうちに私は美和さんの腕の中で、再び勃起しかけていました。

こんなにも色気たっぷりで甘やかしてくれる女性が目の前にいるのです。マザコンでなくても、興奮せずにいるのは難しいでしょう。

もうすぐホテルを出てしまう前に、私は図々しいのを承知でこうお願いをしてみました。

「あの……もう一回してもいいですか」

「あら、もう元気になっちゃったの？」

美和さんは嫌な顔もせず、逆に嬉しそうに私のお願いを聞き入れてくれました。

「私みたいなオバサンにそんなに興奮してくれるなんて、あなたってもしかして熟女好きなのかしら」

再びフェラチオのサービスです。

たっぷりと咥えてもらっただけではありません。もう一つ、美和さんからとっておきのプレゼントがありました。

私が使い方を覚えたばかりのコンドームの袋を破ろうとすると、それを止めてペニスを引っ張り込もうとしています。

「もう二回も出しちゃったから、あんまり精子も残ってないでしょ。そのまま入れてもいいわ」

よっぽど私のことを気に入ってくれたのでしょうか。ふだんは絶対にしないという生での挿入を特別に許してくれたのです。

もちろん私は遠慮なく入れさせてもらいました。コンドームを使ったときよりもずっと気持ちよく、いちだんと私は張り切りました。

「ああっ、あんっ……！　もっと、もっと」

美和さんのよがりっぷりもさらに激しくなり、シーツを両手でわしづかみにしています。

我慢の限界を迎えると、私はためらうことなく中出しを選択しました。

美和さんもそうなることは承知していますから、ペニスを抜かずに果てた私に、たっぷりと愛のこもったキスをしてくれました。

「もう今日は帰りが遅くなってもいいわ。時間なんて気にしないで、いっぱい楽しみましょう」

結局、美和さんはホテルの延長料金まで払って、私に好きなだけセックスをさせてくれたのです。

もう私は大満足で、これ以上の童貞喪失は考えられませんでした。

味を占めた私は、その後も何度かテレクラを利用しましたが、残念ながら美和さんのような女性に出会うことはできませんでした。

若くてかわいい女の子を抱くことができても、美和さんとのセックスほど満足感は得られません。あれほど淫らでなおかつ母性に溢れた女性は、なかなかいません。

いまにして思えば、初めてのテレクラの相手が美和さんだったのは、人生で最大の幸運だったのかもしれません。

マッチングアプリで浮気相手を見繕って膣の中まで舐められ我慢できない私は

中尾光代　主婦・四十二歳

私は四十二歳の人妻です。夫はそこそこの高給取りなので、結婚してからずっと専業主婦をしています。子どもはいないため、毎日けっこう暇なんです。

だから以前はＳＮＳの飲み会サークルとかに入ったりして、週に何回もオフ会に参加していました。大人の男女がお酒を飲めば、当然エッチな展開になります。

私もオフ会で出会ったいろんな男性と一夜限りの火遊びにふけったりして、けっこう楽しい日々を送っていたんです。

だけどそれも新型コロナの流行で一変してしまいました。オフ会が開催されることがなくなって、当然出会いの機会もなくなってしまったんです。

夫とはもう何年も前から家庭内別居状態だったので、ほとんど会話をすることもありません。当然、肉体関係もありませんでした。

そもそも、夫とセックスするぐらいなら、アソコに蜘蛛《くも》の巣が張ったほうがマシという感じです。夫もきっと同意見だと思います。だから毎日、欲求不満がどんどん高まっていたんです。

そんなとき、マッチングアプリというものの存在を知りました。

それは自分のプロフィールと趣味や住んでるエリア、好きな男性のタイプなどを登録すると、同じように登録している男性と自動でマッチングされるというものです。

その相手を気に入ったらメッセージを送って、相手もOKなら会う約束をするんです。もちろん相手が気に入らなければスルーもできます。

試しに登録してみたら、思っていた以上に大量のメッセージが届きました。まさによりどりみどりです。コロナ禍で出会いを求めているのは、私だけではなかったということを実感しました。

それでもやはり感染が心配ですから、コロナワクチンを三回打ったという証明書のスクショを送ってくれた男性と会うことにしました。もちろん私も三回打ってたので、その相手とならコロナを気にすることなく濃厚接触を楽しめると思ったのです。

待ち合わせのカフェに現れた男性・浅野《あさの》さんは、趣味は合うし、ルックスも好みでした。体格がよくて、スーツがよく似合う、ダンディな男性なんです。

こんな素敵な男性と出会えるなら、もっと早くマッチングアプリを使っておけばよかったと反省しちゃいました。浅野さんも私を気に入ってくれたようでした。

「今日は当たりですね。光代《みつよ》さんみたいな色っぽい女性と出会えるなんて。ぼくはもう股間がムズムズしてきちゃいましたよ」

「私ももうアソコがぐっしょり濡れちゃってます」

私たちがマッチングした興味があることの項目の一つが「エッチなこと」だったので、話は早いです。

食事をしたりお酒を飲んだりするむだな時間を飛ばして、私たちはホテルへ直行しました。こういう時短の関係は令和っぽいな、と四十代の私は思ってしまうんです。

ホテルに入ると、まず浅野さんがシャワーを浴びて、続いて私がシャワーを浴びました。アソコがくさくないようにと入念に洗ってから、バスタオルを体に巻いてシャワールームから出ると、ソファに座っていた浅野さんが立ち上がりました。

「もう我慢できないです」

そう言って腰に巻いたタオルをはずすと、すでに勃起していたペニスが私の目の前に飛び出しました。それは力がみなぎりすぎて、ピクピク震えているんです。

「私のことを思いながらこんなになっていてくれたんですね？　ああん、うれしいわ。

いっぱい気持ちよくしてあげますね」

私は浅野さんの前にひざまずき、右手でペニスをつかみました。

浅野さんのペニスはほんとうに大きくて、指が回りきらないんです。だから左手も加えて、両手でしっかりとつかんで上下にしごいてあげました。

「おおっ……き……気持ちいいです……」

浅野さんは私がしごきやすようにと仁王立ちして、股間を突き出すんです。だから私は両手でたっぷりしごいてあげました。

「ああん、興奮しちゃう。我慢汁がどんどん出てくるわ。はあん、すごくエッチだわ」

手でしごくだけだど物足りなくなり、私はそり返るペニスを手前に引き倒してその先端をぺろりと舐めました。

「あっ、うう……」

浅野さんがうめき、同時に私の手の中でペニスが、まるで活きのいい魚のようにビクンと震えました。

「なんて元気なのかしら」

「そりゃあ光代さんみたいにセクシーな人妻に舐められたら、こうなっちゃいますよ」

「うふふ。じゃあ、もっと元気にしちゃおうかな」

私は上目づかいに浅野さんを見上げながら、アイスキャンディーでも舐めるように亀頭をぺろぺろと舐め回しました。

「そ……その舐め方、すごくいやらしいです。ううう……」

自分のフェラで浅野さんのように渋い男性が感じてくれていることがうれしくて、私はもっと気持ちよくしてあげたいと思いました。

そこで、大きく口を開けて、亀頭をパクッと咥えたんです。でも、浅野さんのペニスはほんとうに大きいので、口が完全にふさがれてしまうんです。

「ああ……エロいです、光代さん……あああ、その苦しそうな顔がたまらないです」

その言葉は本心らしく、私の口の中でペニスがピクンピクンと震えながら、さらに大きくなっていくんです。苦しいのですが、その苦しさが女の悦びに変わっていきました。だから私は、唇の端からよだれを垂らしながら、首を前後に動かしてあげました。

「おおぉ……気持ちいいです。光代さん、オッパイを……オッパイを見せてください」

ペニスをしゃぶる私を見おろしながら、浅野さんは言いました。

もちろん拒否する理由なんかありません。私はペニスを口に咥えたまま、体に巻いていたバスタオルをはずしました。

私の胸はFカップなんです。そのオッパイがぷるるんと揺れるのを見て、浅野さんは「すごい……」と声を洩らしました。それと同時に、私の口の中でペニスがビクン！と脈動して、さらに大きくなったんです。

さすがにこれ以上しゃぶっていると顎がはずれてしまいそうに感じたので、とっさに私は体を引いて、ペニスを口から吐き出してしまいました。

するとペニスは唾液をまき散らしながら勢いよく頭を跳ね上げ、浅野さんの下腹に当たって、パンッと大きな音が響きました。裏筋がかわいそうなほど伸びきり、唾液に濡れてヌラヌラ光ってる様子は、ものすごく卑猥なんです。

「あぁん、すごいわ。なんてエッチなオチ○チンなのかしら」

「こういうのはどうですか？」

そう言うと浅野さんは下腹に力を込めて、ペニスをビクンビクンと動かしてみせました。それはもうほんとうにいやらしすぎる眺めで、私は子宮がキュンキュン疼いてしまいました。

「あぁ、もうダメです。入れたくなっちゃいました」

「まだダメですよ。その前に、オッパイを気持ちよくしてあげますよ」

浅野さんは私をその場に立たせて、オッパイをもみしだきはじめました。

「なんてやわらかいんだろう。それにすごく大きい……」

「あああん……大きなオッパイはお好きですか？」

「大好きです！　でも、こんなに大きなオッパイは初めてです。ああ、たまらないです。ううう……」

浅野さんはオッパイに頬ずりして、そのやわらかさと弾力を楽しむんです。その様子はまるで小さな子どものようで、かわいくてついつい私は浅野さんの頭を優しくなでてしまうのでした。

ひとしきりそうやってオッパイの感触を頬で楽しむと、浅野さんは今度は乳首を舐めはじめました。

「あああん、気持ちいい……あああん……」

「……おいしい。光代さんのオッパイ、すごくおいしいですよ。ううう……」

浅野さんはチュパチュパと音を立てながら左右の乳首を交互に吸うんです。

すでに勃起していた乳首は感度がすごくて、そうやって吸われるとオッパイ全体に鳥肌が立ってしまうのでした。

「うわぁ、鳥肌が立ってるじゃないですか。乳首を舐められて感じてるんですね？」

「だって、気持ちいいんですもの」

「じゃあ、こういうのはどうですか？」

浅野さんは口に含んだ乳首を舌先で転がすように舐め回し、さらには前歯で軽く甘噛みしてみせるんです。

「あっ……あああん……それ……気持ちいい……」

敏感になった乳首には、そのかすかな痛みを伴う愛撫は強烈すぎる快感でした。だけど乳首はしょせん、乳首です。女の体にはもっと敏感な性感帯があるのに、浅野さんは全然さわってもくれないんです。

我慢できなくなった私は、自分から催促してしまいました。

「ねえ、浅野さん、こっちも……」

浅野さんの手首をつかんで股間へ導こうとしましたが、指が陰毛にふれるかどうかで、浅野さんはすっと手を引いてしまいました。

「まだダメですよ。欲しかったら、もっとぼくを興奮させてくれないと」

そしてニヤリと笑うんです。浅野さんは私をじらして楽しんでいるようでした。だけど、腹は立ちません。お腹がすいているときのほうが料理はおいしく感じられるので、エロい気持ちが限界まで高まった状態で挿入されるほうが、たぶん最高に気持ちいいはずなんです。だから私は浅野さんにつきあってあげることにしました。

「どうやって興奮させたらいいのかしら？」

「光代さんのその大きなオッパイで、パイズリしてくださいよ。たぶん、すごくエロいと思うんですよね」

浅野さんはソファに浅く腰かけて大きく股を開きました。私は巨乳だったので、若いころからよくその要求をされることがありました。パイズリなんかしても女は全然気持ちよくないんですけど、男性がよろこぶ顔を見るのはうれしいものです。

私は浅野さんの股の間に体を移動させて、彼のペニスをオッパイで挟み込みました。そして、左右から両手でオッパイを押さえたまま、体を上下に動かしてあげたんです。

私の唾液で濡れていたので、ペニスはオッパイの間をぬるりぬるりとすべり抜けます。完全に亀頭が隠れたり顔をのぞかせたりする様子はすごく卑猥です。私も興奮しましたが、それ以上に浅野さんは興奮しているようでした。鼻息を荒くしながら言うんです。

「す……すごい。ああ、エッチだ……うう、気持ちいい……」

うっとりしている浅野さんの顔を見てうれしくなり、私はさらに激しくパイズリを続けました。そしたら急に浅野さんの呼吸が苦しげなものに変わっていったんです。

「ああっ、光代さん……そ……そんなにされたら、もう……もう出る！」

そう叫んだ瞬間、オッパイに挟まれたペニスがビクンと脈動し、その先端から白い液体が噴き出して私の顔を直撃しました。しかも、ドピュン、ドピュンと何回も。私は目をぎゅっと閉じて、その精液を顔面に受け止めつづけました。

「す……すみません、ぼく、我慢できなくて……」

射精を終えた浅野さんは、謝りながらティッシュで私の顔をふいてくれました。

「平気です。だけど、すっごくエッチなにおいで、クラクラしちゃいますわ」

そう言いながら目を開けると、浅野さんのペニスは象の鼻のようにだらんと垂れてしまっているんです。

パイズリをよろこんでもらえたことはうれしかったけど、私は少し残念な気持ちになりました。だって、まだ浅野さんの勃起したペニスをオマ○コで味わってなかったのですから。

そんな私の落胆を感じ取ったのでしょう、浅野さんはすぐに言いました。

「大丈夫です。心配はいりません。すぐにまたフル勃起しますから。光代さんみたいな色っぽい女性が相手なら、三回は射精できますから安心してください」

そう自信たっぷりに言われて、私は少しホッとしました。そんな私に浅野さんは頼みことをするんです。

「だから、光代さんのいやらしい場所をじっくり見せてください。そしたら、すぐに元どおりに勃起しますから」

「……私のいやらしい場所?」

「そうですよ。オマ○コです。入れる前にじっくり見せてくださいよ。いいでしょ?」

「ダメ、恥ずかしいです」

パイズリと顔射で興奮しきった私のオマ○コは、自分でもあきれるぐらい、もうどろどろになっているんです。それは手でさわって確認したりしないでもはっきりとわかるレベルです。

そんなオマ○コをじっくり見られるなんてほんとうに恥ずかしいのですが、浅野さんは私の言うことなんて聞いてくれません。

「ちょっとだけですから、いいでしょ? ほら、こういう格好はどうですか?」

そう言うと浅野さんは、私の両膝の裏に手を添え、グイッと押しつけてきました。

「ああん、いや……」

私はオムツを替えてもらう赤ん坊のような格好にされてしまいました。すると、もうすっかりとろけていたからか、小陰唇がひとりでに左右に開いていくんです。

「うわ……なんてエロいんだろう。割れ目の奥が丸見えですよ」

浅野さんの息が私の恥ずかしい場所の粘膜にかかり、その刺激でアソコがヒクヒクとうごめいてしまいます。

「変なこと言わないでください。あああん……」

そうやって非難しながらも、見られることで私は興奮しちゃうんです。そして、浅野さんをよろこばせたくて、お尻の穴に力を込めてわざとオマ〇コを動かしてしまうのでした。

「あっ、動いてますよ。光代さんのオマ〇コが……あああ、なんてエロいんだろう」

私の狙いどおり、いやらしすぎる眺めに浅野さんはもう見ているだけでは我慢できなくなったようで、すぐに割れ目の間にぺろりと舌を這わせました。

「あっ、はああん……」

さんざんじらされていたせいもあって、舐められる快感は強烈でした。

私は自分で両膝を抱えて、浅野さんが舐めやすいようにオマ〇コを突き出しつづけました。そして、浅野さんはぺろりぺろりと割れ目の間を入念に舐めつづけるんです。

「光代さんの愛液、すごく濃厚な味がしますよ。ああ、おいしい……おいしいです」

渋い見た目からは想像もつかない変態っぽいことを言うと、浅野さんは膣の中まで舌をねじ込んで舐め回しはじめました。

「ああ、いや……ダメです、そんなにされたら私……あああああん……」

私は両膝を抱えたまま体をのたうたせました。すると今度は、浅野さんは割れ目の端で硬くとがっていたクリトリスに舌愛撫を移動させました。

「あっ、はああん！」

舌先がヌルンとすべり抜けた瞬間、私の体は感電したように跳ねてしまいました。その反応に気をよくしたのか、浅野さんはさっき乳首にしたのと同じようにクリトリスを口に含むと、舌先で転がすように舐め、チューチュー吸い、さらには前歯で軽く噛んでみせるんです。

その快感は強烈すぎます。私はもう両膝を抱え込んでいることもできなくなり、胎児のように体を丸めてしまいました。

だけど浅野さんは、私の太腿を抱えるように持ち、クリトリスに食らいついたまま放さないんです。そして、さらにクリトリスを責めつづけられ、私はあっさりと絶頂に昇りつめてしまいました。

「あっ、あああん……イク……もうイク……ああん、イクイクイクイク……もうイッちゃうぅ……あっ、はあああん！」

そう叫んだ瞬間、私は頭の中が真っ白になってしまいました。

気がつくと、顔を唾液と愛液まみれにした浅野さんが私の顔をのぞき込むようにして見おろしていました。
「光代さん、イッちゃったんですね？　すっごい声でしたよ」
「ああん、いや……恥ずかしいです」
「だけど、その恥ずかしい姿がぼくを興奮させてくれるんですよ。ほら」
浅野さんが体を起こすと、下腹部に勃起ペニスがそそり立っているんです。それは
さっきパイズリをしてあげたときよりもさらに大きくなっているようでした。
「光代さんの愛液を飲んだらこんなになっちゃいました。精力剤として売り出したら
大儲けできそうですね。商品名は『光代のお汁』なんてどうでしょう？」
「いやよ、そんなこと言うの恥ずかしいわ。だけど、元気になってくれてうれしい。
さあ、今度はオマ○コで浅野さんのオチ○チンを味わわせてください。奥のほうがも
うムズムズしてて……」
私は浅野さんに向けて大きく股を開きました。
「わかりました。こいつでいっぱい気持ちよくしてあげますよ、なんて言ってほんと
うはぼくももう入れたくてたまらないんですけどね」
さすがに浅野さんも、もうじらそうとはしません。そり返るペニスを右手でつかみ、
私におおい被さってきました。そして、ペニスの先端を膣口に押しつけてくるんです。

浅野さんのペニスはほんとうに大きいので、亀頭がなかなか入りません。だけど、押しつける力を強めたり弱めたりしていると、クプクプとアソコが鳴り、大量に溢れ出たエッチなお汁の力を借りて、ヌルンとすべり込んできました。

「ああんっ……」

「ううっ……狭い……光代さんのオマ○コ、すごく狭いですよ。うう……」

さらに浅野さんは小刻みにペニスを抜き差ししながら、徐々に奥のほうまで入ってきました。

「あああん……奥まで……奥まで入ってくるぅ……あああん……」

そして、二人の体がピタリと合わさったんです。

「入った……」

浅野さんはホッとしたように言いました。

「すごいわ。奥のほうでピクピクしてる。あああん……動かして……オマ○コの中をいっぱいかき回してください」

私はアソコに力を込めて、キュッキュッとペニスを締めつけて催促しました。

「おおお……なんですか、このオマ○コは!?　気持ちよすぎますよ。でもぼくだって負けてませんよ。ほら、こういうのはどうですか？」

そう言うと浅野さんはゆっくりとペニスを引き抜いていき、完全に抜けてしまう直前で止め、また奥まで挿入してきて、また引き抜き、また挿入し……という動きを続けるんです。

「あああん、ダメぇ。それ……気持ちよすぎますぅ……」

「こんなのはまだまだ序の口ですよ。ほら、ほら」

浅野さんは抜き差しずるスピードを徐々に速めていきました。すぐにすごい力強さで突き上げてくるようになり、そのつど、パンッ、パンッと大きな音が響くんです。

「ああんっ……はあんっ……あっはああんっ……」

突き上げられるたびに、私の口から喘ぎ声が押し出されます。それだけでも意識が飛んでしまいそうなほど気持ちいいのですが、浅野さんは同時にオッパイを舐めて乳首を刺激し、さらにはクリトリスを指でこね回すんです。

四十代の熟練のテクニックで責められ、私はすぐに限界に達してしまいました。

「ああん、ダメです。気持ちよすぎて……ああっ……また……またイッちゃう！」

私はブリッジでもするかのように体をのけぞらせて全身を硬直させました。

それでもまだ浅野さんは膣奥を突き上げつづけます。

「ダメダメダメ……あああっ……もうやめてぇ。おかしくなっちゃううう！」

私は強烈すぎる快感から逃れようとしましたが、浅野さんはしっかりと私の腰に腕を回して逃がしてくれません。

「いいですよ。おかしくなっちゃってください。どうせ、今日会ったばかりの他人なんですから、恥ずかしがることなんてないですよ。ほら、ほら、ほら！」

パンパンパン……と音を響かせながら、浅野さんは膣奥を突き上げつづけます。

「あぁっ……また……またイクぅ……はっううう！　ダメダメ、あああっ、またイク！　ああああぁ……もう……もうやめてぇ……あああああん、イクゥ！」

私は何度も立て続けにイキまくりました。

イクたびに膣壁がきゅーっと収縮してペニスをきつく締めつけます。その狭い肉穴にペニスを抜き差しするのは、浅野さんにとっても強烈な快感のはずです。

そして、浅野さんも苦しげな声で言いました。

「ああ、ぼ……ぼくももうイキそうです。あああ、もう出ちゃうよ。出ちゃうよ。うう！」

低くうめいた瞬間、浅野さんはジュボッと音をさせてペニスを引き抜き、私のヘソから胸にかけて、温かい液体を迸らせたのでした。

「はあぁ……すごかったわ。こんなの初めてです」

「ううう……ぼくも最高に気持ちよかったですよ。こんなに気持ちいい女性と出会えて、マッチングアプリに感謝しなきゃいけないですね」

そんなことを言いながら浅野さんは、私の体に飛び散った精液をティッシュでぬぐうと、まだ先端から精液がにじみ出ているペニスを私の口元に押しつけてきました。

「お掃除してほしいんですね？　いいですよ。ああぐぐ……」

私は管の中に残っている精液を絞り出すようにしてペニスをしゃぶりつづけました。すると、いったんはやわらかくなっていたペニスが、口の中でまたムクムクと硬くなってきたんです。

「ね、三回はできるって言ったでしょ。さあ、今度はバックからしましょうか。お尻を突き上げてください」

「あああん、もうダメ……ほんとうにおかしくなっちゃうわ」

そしてそのあと、私は生まれて初めてセックスで失神してしまったんです。

だけど、浅野さんとはそれっきりです。同じ相手とセックスするよりマッチングアプリでもっといろんな男と出会ってみたくて……ほんとうにいい時代になったものです。

◉読者投稿手記募集中！

素人投稿編集部では、読者の皆様、特に**女性の方々からの**手記を常時募集しております。真実の体験に基づいたものであれば長短は問いませんが、最近のSEX事情を反映した内容のものなら特に大歓迎、あなたのナマナマしい体験をどしどし送って下さい。

- ●採用分に関しましては、当社規定の謝礼を差し上げます（但し、採否にかかわらず原稿の返却はいたしませんので、控え等をお取り下さい）。
- ●原稿には、必ず御連絡先・年齢・職業（具体的に）をお書き添え下さい。

〈送付先〉
〒101-8405
東京都千代田区神田三崎町2－18－11
マドンナ社
「素人投稿」編集部　宛

禁断告白《きんだんこくはく》スペシャル《すぺしゃる》 昭和《しょうわ》・平成《へいせい》・令和《れいわ》 淫《みだ》らな出逢《であ》い

二〇二二年八月十日　初版発行

編者◉素人投稿編集部【しろうととうこうへんしゅうぶ】

発行◉マドンナ社

発売◉二見書房　東京都千代田区神田三崎町二-一八-一一

電話　〇三-三五一五-二三一一(代表)

郵便振替　〇〇一七〇-四-二六三九

印刷◉株式会社堀内印刷所　製本◉株式会社村上製本所　落丁・乱丁本はお取替えいたします。定価は、カバーに表示してあります。

ISBN978-4-576-22106-9◉Printed in Japan◉©マドンナ社